Martin Ziegelmüller
*Über die Matten gehn zur Zeit
des Sauerampfers*

für Hermann Engel

Martin Ziegelmüller

Für Ruth

Martin Ziegelmüller

*Über die Matten gehn
zur Zeit
des Sauerampfers*

Eine Jugend

Waldgut

*Am Schluß des Buches befindet
sich ein Glossar
der alten und Dialektwörter*

Das Umschlagbild zeigt
das Ölgemälde ‹Wässermatte›
von Martin Ziegelmüller

Alle Rechte vorbehalten
Copyright by Verlag Im Waldgut AG
1995
Gestaltung und Satz
Atelier Bodoni Frauenfeld
Druck und Einband
Wiener Verlag Himberg

ISBN 3 7294 0216 1

Verlag Im Waldgut
Industriestraße 21
CH - 8500 Frauenfeld

1

Hannes muß viel über die großen Brüste seiner Tanten nachdenken. Wie die wohl aussehen unter den schwarzen Kleidern? Und wenn er auf dem Waldweg ins Nachbardorf geht, fragt er sich, wie es wohl wäre, wenn er statt mit Lotte mit ihnen metzgerlen würde. Vielleicht müßte er dann ein richtiges Messer nehmen, nicht bloß ein Holzstück wie bei Lotte. Aber an den Spalt zwischen den Beinen, der ihm bei Lotte so gut gefällt, mag er bei den Tanten nicht denken, das macht ihm Angst. Den Erwachsenen selber macht der auch Angst. Die wissen gar nicht wohin schauen, wenn man etwas davon sagt. Da muß man aufpassen, daß einen nicht unversehens eine Ohrfeige trifft.
Vielleicht werden aus Kindern gar nicht solche Erwachsene. Jedenfalls er und Lotte würden anders. Aber wenn Lotte auch solche Brüste bekäme wie die Tanten, das wäre doch schön.

2

Durch das Blättergewölbe fallen honiggelbe Strahlenbündel. Die Kinder lassen sich im warmen Wasser treiben. Auf dem Bauch die einen, kopfvoran, sich auf Händen und Zehen stützend. Die andern rücklings, strecken die Füße vor und spüren die Steine unter dem Gesäß. Den einen wandern die Sonnenflecken über den Rücken, den andern über den Bauch. Die bäuchlings Treibenden können auf dem Grund die goldenen Steine sehen. Den andern schießen Sonnenstrahlen ins Gesicht. Wenn die Kinder unter der Brücke durch sind, stehen sie auf, krabbeln ans Ufer und rennen bachaufwärts, rutschen zwischen Wasserdost und Pestwurz wieder ins Bachbett hinab.

Hannes schaut hinauf ins grüne Blattgewölbe mit den gelben Fenstern, die manchmal offenstehen. Sonnenstrahlen schießen herein, und blaue Himmelsflecken ziehen vorbei. Von der Brücke hängen Efeuranken. Daran baumeln Schlammklumpen wie Senkbleie.

Plötzlich ein blauer Schatten. Er treibt ins Dunkel hinein. Der Modergeruch kommt sicher von den vermoosten Steinen, in ihren Spalten hausen Schlangen, wurmähnliche, ohne Augen vermutlich. Haben ihn Spinnweben gestreift? Oder waren es die Flügel von Fledermäusen? Angst befällt Hannes. Wasser schwappt. Einer seiner Kameraden schreit, steht auf, stößt an die Wölbung der Brücke, plumpst ins Wasser zurück. Dieser Idiot verliert immer den Kopf! Man muß warten, bis das Wasser wieder eine Spiegelung hat, bis blaue Flecken hin und her huschen. Dann bekommt die bodenlose Tiefe wieder Grund, auf den man treten kann, ohne hinabgezogen zu werden. Zuerst tauchen die Füße ins Sonnenlicht, dann die Beine, der Bauch, die Arme, zuletzt der Kopf. Das nächste Mal will Hannes sich auf den Bauch legen und die Sonnenstrahlen bis auf den Bachgrund hinab verfolgen.

3

Der Barry sei an Altersschwäche gestorben, sagt der Großvater. Hannes mochte den Hund nicht. Immer hatte der ihn daran gehindert, wegzugehen.
Etwas war dort...! Hell leuchtet es von der Aare herauf. Hell und blau – Hannes will das endlich anschauen. Entschlossen macht er sich auf den Weg, er überquert den Hausplatz. Bei den Pfützen zögert er: Durchwaten oder noch große Steine hineinwerfen? Die Wollstrümpfe sind ohnehin naß.
Dieses Blaue dort drüben... Dieses Blau, doch zuerst – Die Straße hat er beinahe überquert, an den Pfützen vorbei. Aber nun hindert der Haarige. Immer läuft der Große mit den braunweißen Flecken mit, stupst ihn mit feuchter Schnauze. Seine roten Augen kommen ganz nahe. Hannes stößt das Tier weg und erreicht die Wiese. Gräser streifen seine Arme. Da! Die Beine verheddern sich. Jetzt nur nicht aufgeben!
Er bleibt bei den weißen Blumen mit den gelben Köpfen stehen. Nur einen Moment! Schön sind sie. Er will ein paar pflücken für die Mutter! Da – wieder diese Barryschnauze. Die lange Zunge schlabbert über sein Gesicht. Blöder Hund! Jedesmal gibt man ihm diesen Aufpasser mit. Er schlägt den Hund mit der Faust. Barrys Kopf schnellt hoch, der Hund schüttelt sich. Hannes versucht, an ihm vorbeizukommen. Er kann schon den Hang hinuntersehen.
Im blauen Dunst ein silbrig glänzendes Band. Doch dieser Barry! Vor Wut dem Weinen nahe, greift Hannes ihm ins Fell. Warum stellt der sich immer quer vor

ihn? Hannes zerrt, schlägt – vergeblich. Wenn dieser blöde Hund nur begreifen könnte! Die Schnauze stupst ihn zurück. Unerbittlich. Zurück und zurück auf die Straße. Zum Hausplatz.
Die Mutter ruft.
Hannes will sich beschweren. Er läuft ihr entgegen. Doch Mutter schimpft, er habe keine Stiefel an: Die nassen Strümpfe ausziehen. Sofort! Die Welt ist ohne Verstand.

4

Weißer Sand blubbert immer an der gleichen Stelle. Er steigt hoch, dann sinkt er in sich zusammen. Die Wasserkresse bewegt sich kaum. Ab und zu taumelt ein Stücklein Baumrinde vorüber. Oder eine Tannennadel.
Die Mostflasche steht bis zum Hals im Wasser.
Quellwasser ist immer kalt, sagt die Großmutter. Hannes möchte Most. Aber Großmutter ist weit hinten in der Pflanzung. Sie hat die lange Schnur gespannt und verteilt Setzlinge. Die wird sie alle einpflanzen, bevor sie die Mostflasche aus dem Wasser holt.
Eine Larve ist über die blubbernde Stelle hinweggeschwommen und hat sich in der Kresse versteckt. Auf den weißen Sand fällt der Schatten einer Dotterblume. Schatten können durch das Wasser hinunterfallen.
Hannes hat die Dotterblumen gern, besonders ihre runden Blätter, die in der Sonne glänzen. Die Blüten sind wie Sonnen, gelber sogar, wie der Dotter vom Ei.

Eigentlich mag er die Blumen genauso wie die Blätter. Wenn die Dotterblumen blühen, weiß Hannes, daß die Matten bald unter Wasser gesetzt werden. Dann spiegeln sich die Wolken. Oben eine Wolke am Himmel, die andere unten, im Wasser. Die Bäume stehen auf dem Kopf, und die Häuser auch.
Die Großmutter pflanzt immer noch.
Hannes will nur einmal den Finger in das Blubberloch stecken. Das soll man nicht. Großvater sagt, eine Quelle darf nicht gestört werden. Sie komme tief aus der Erde, darum sei ihr Wasser so kalt. Wenn sie einmal verstopft sei, suche sie sich einen anderen Weg, und das Wasser sprudle plötzlich beim Nachbar hervor.
Hannes möchte das kalte Wasser spüren, wie es herauskommt. Nur ganz zuoberst, und nur einmal.

5

Der Handlauf ist kalt. Hannes hat Angst, wenn er sich im Dunkeln daran festhält. Er dürfe nur hinunter, wenn er sich am Handlauf festhalte; die Tritte seien viel zu hoch für ihn, befand die Tante.
Dort unten ist es hell. Er tastet mit dem Fuß nach der nächsten Stufe. Ganz schwach ist die Vorderkante beleuchtet. Hannes sucht den nächsten Halt immer mit dem linken Fuß. Hat er Halt gefunden, tut er rasch einen kleinen Schritt, um den linken Fuß wieder vorne zu haben. Hannes weiß, daß der Großvater unten arbeitet.
Plötzlich wird es hell. Großvater steht am Tisch und

blickt auf, als er die kurzen Beine von Hannes aus dem Dunkeln kommen sieht. Auch die kleine Hand am Handlauf sieht er. Dann greift der Großvater mit dem Teigspachtel in die Mulde, wirft einen Teigklumpen auf die Waage, prüft, um vielleicht eine Korrektur vorzunehmen. Hannes weiß, daß die eine Schale mit dem Teigklumpen hinabsausen und auf dem Unterlagsbrett aufschlagen wird. Der Großvater wird ein wenig Teig abschneiden, damit die andere Schale, die mit dem schwarzen eckigen Gewicht darin und den kleinen goldenen runden Steinen daneben, hinuntergeht. Wenn der Großvater das Gewicht auf Anhieb trifft, läßt Hannes seiner Begeisterung freien Lauf. Dann wird des Großvaters Schnauz ein bißchen breiter, scheint es.
Hannes steht ihm gegenüber und hält sich an der Tischkante fest. Er versucht sich hochzustemmen, um die Teigbäuche zu überblicken. Ein Brett voll heller, runder Hügel vor dem schwarzen Ofen, einer schräg hinter dem andern. Wenn der letzte Hügel vorn auf dem Brett liegt, wirft der Großvater den Spachtel in die Mulde und greift nach der Einschießschaufel. Mit dem Schürzenzipfel wischt er sie ab, streut etwas Mehl darauf und schiebt den ersten Teigbauch darauf. Hannes schaut auf das Messer, das der Großvater zwischen den Lippen hat. Gleich wird er damit blitzschnell über den Teig fahren. Dreimal. Das Messer ist krumm wie die Säbel der Türken in der Kinderbibel, die nimmt der Großvater jeweils am Abend hervor und erzählt dann von den Türken und Heiden, und daß der fromme Kaiser mit seinem Heer zu denen hingeritten sei

und diese Türken und Heiden mit seinem Schwert in Stücke geschnitten habe – genau wie der Großvater die Brote, nur hat der Kaiser die Türken glatt mitten entzweigehauen.

Im Herbst wird der Metzger die Sau schlachten beim anderen Großvater, der Bauer ist. Der Metzger schneidet dem toten Schwein den Bauch auf, bis die Därme herausfallen, nachdem er ihm vorher den Hals eingeschnitten und das Blut abgelassen hat. Aus dem Blut macht man Blutwürste.

Der andere Großvater hat es nicht gern, wenn die Kinder beim Metzgen zuschauen. Aber Hannes ist immer dabei, und weil der Großvater dann viel zu tun hat, merkt er es vielleicht nicht gleich. Aber es gefällt Hannes doch besser, wie der Bäcker-Großvater die Teighügel anritzt und kein Blut herausschießt, und wie der Schnitt sich erweitert, wenn der Großvater die Laibe in den heißen Ofen einschießt. Hannes möchte auf einen Korb klettern und schauen. Aber das hat der Großvater nicht gern. Beim Broteinschießen muß man rasch arbeiten, sagt er, da kann man nicht herumpröbeln. Da muß man sich konzentrieren und hat keine Zeit, auf kleine Buben zu achten, die sich die Finger verbrennen wollen.

Hannes wartet ungeduldig darauf, daß er in der Ofenöffnung die Teigrücken sieht, einen hinter dem andern, wie auf dem Brett. Und daß schließlich der Großvater die schwarze Schiebetüre schließt und das Stundenglas kippt. Die Schaufel legt er auf die Trägereisen, dort liegen andere Einschießschaufeln, auch runde für die Kuchenbleche. Dann wird Großvater

die Hände an der Schürze abwischen. Diesen Moment will Hannes nicht verpassen. Vielleicht geht er vorher schon zum Fenster hinüber. Er käme so am großen Sack mit den Nüßen vorbei.
Laß das, schimpft der Großvater. Er hat es gar nicht gern, wenn man Löcher in die Teigbäuche drückt. Der hinterste Teig auf dem Brett ist bereits im Ofen.
Großvater, ich möchte die Forelle sehen, meldet Hannes und klettert aufs Fensterbrett.
Vorsicht, mahnt der Großvater, sonst schwimmt sie unter den Stein.
Bevor Großvater vorsichtig den Fensterriegel dreht, legt er den Zeigefinger auf den von Schnauz und Bart verdeckten Mund. Ein Zeichen, das Hannes die Lippen zusammenpressen läßt. Großvater legt den Arm um Hannes, damit sich der wie über ein Geländer hinausbeugen kann. Großvaters Bart kratzt.
– Dort vor dem Stein, siehst du sie? Spiegelungen huschen hin und her. Augenblicke lang nur ist der braune Körper zu sehen. Er bewegt sich kaum im dunklen Wasser. Warum spiegeln sich die Bäume im Wasser, und man sieht trotzdem auf den Grund? Manchmal steigt die Forelle näher an die Oberfläche, manchmal weicht sie seitwärts aus. Aber immer kommt sie zurück. Wenn sie aufsteigt, kann Hannes ihre bösen Augen sehen. Und wenn sie zur Seite schwimmt, bewegt sich ihr Kiefer.
Ein sicheres Zeichen dafür, daß sie etwas erwischt hat, erklärt der Großvater.
Sie haben schon oft darüber gesprochen, was Forellen fressen, und daß sie schneller wachsen, wenn sie viel

fressen. Es gebe in den Bergen Seen, in denen die Fische wenig zu fressen fänden und deswegen viel kleiner seien als die Alte unter dem Fenster, die jeden Tag viele Larven fange. Gelegentlich verirre sich eine Groppe in ihre Nähe. Dann brauche die Forelle an diesem Tag keine Larven zu jagen, dann könne sie sich unter dem Stein ausruhen. Soll ich? fragt Hannes und zeigt das vom Kneten grau gewordene Teigstücklein vor. Er wirft. Die Forelle ist weg. Das Teigstücklein sinkt ab.
Du hast dich zu weit hinausgebeugt, sagt der Großvater und hebt Hannes vom Fensterbrett. Morgen hat die Forelle wieder Hunger.

6

Es dämmert schon am Nachmittag. Das dürre Laub in den Wagenspuren ist matschig geworden. Zwischen den Blättern haben die Würmer Erdhäufchen aufgestoßen; die von gestern sind vom Regen flachgespült, die von heute wirbelig wie die Creme auf den Torten von Großvater. Die Buchen und Eschen sind kahl. Ihre Äste recken sich wie Arme, wie Sensen und Gabeln. Sie drohen, versuchen die Wolken zu packen, sie herunterzuziehen, besonders nachts. Am Morgen hüllt Nebel die Häuser und Wälder ein. Dann darf man den Weg nicht verlassen, sonst ist man verloren. Eine Eiche hat ihre Blätter behalten; sie sind ein wenig verschrumpelt, aber kaum angebräunt. Die Wolken schleifen ihre dunklen Bäuche über die Wälder, hüllen den Hügel ein.

Das Haus taucht auf. Düster! Kein Licht in der Küche. Im Stall auch nicht. Aber die Kühe fressen, und die Brente steht am Brunnen. Die Stalltür ist bloß angelehnt. Hannes geht vorsichtig ein paar Schritte in den Stall hinein. Seine Augen gewöhnen sich an die Dunkelheit. Er kann die hellen Hinterteile der Kühe erkennen. Ist das ein Kalb? Ein erschrockenes, langgezogenes Muhen, fast nur noch ein Luftausstoßen. Getrampel dann und... Da stimmt etwas nicht! Angst befällt ihn. Ein Stöhnen. Ist das ein Mensch? Jetzt regt sich jemand hinten bei der Kälberboxe. Ein Riese löst sich aus der Dunkelheit. Etwas Weißes ragt aufgerichtet aus seinem Hosenlatz hervor. Hannes starrt, während der Schatten heranschlurft. Will schreien. Kann nicht. Der Riese bleibt stehn.
– Was hast du hier zu suchen? Mach, daß du fortkommst, sonst stoß ich dich ins Bschüttloch. Dann kannst du Scheiße fressen. Hau ab, dreckiges Schwein!
Hannes läuft. Stolpert. Draußen ist es dunkel geworden. Der Wind saust in den Bäumen. Läuft jemand hinter ihm her? Das Licht kommt näher. Kann er entrinnen? Endlich die Straßenlampe. Hannes keucht. Hält sich am Gartenzaun fest. Aus den Ställen hört er die vertrauten Geräusche. Jemand wirft Heu in den Futterbarren. Ein Milchkarren wird beladen. Er rennt zur nächsten Straßenlampe, bleibt im Licht stehen, rennt weiter. Unter dem Hemd ist er naß.
Es sei niemand dagewesen, berichtet er zu Hause.
Bist du gelaufen? fragt die Mutter.
– Nur zuletzt? Sie streicht ihm über das naße Haar.
– Trockne sofort die Haare und wechsle die Kleider.

Wir hätten dich nicht hinschicken dürfen, so spät am Abend.
Die Mutter frottiert ihn, wickelt ihn in das große weiße Tuch mit den roten Borten. Ihr Gesicht ist gelb und die Lampe ist gelb und das Licht schmerzt in den Augen. Im Bett schlottert er immer noch. Dann wird das Licht rot. Die Lampe schaut ihn an. Ein riesiges, böses Auge. Hannes zieht die Decke über sich. Das Auge geht nicht weg. Es grinst. Endlich die Mutter. Er trinkt den Tee, erbricht sich. Er weint, spuckt galligen Speichel in die Schüssel.
– Trink einen Schluck Wasser, sagt die Mutter.
Er sinkt in die Kissen.
Die Deckenlampe ist gelöscht, auf dem Tisch brennt eine Kerze. Die Daunendecken türmen sich hoch auf. Über ihre Ränder flackert rot das Licht. Ist jemand hinter dem Bett? Ein Riese! Hannes schreit. Die Mutter kommt, mißt das Fieber. Legt ihre Hand auf seine Stirn.
– Mutter, es ist ein Riese im Zimmer. Ich habe ihn gesehen.
– Du hast Fieber, Hannes. Da ist kein Riese. Da sind nur wir zwei, und ich hole jetzt mein Strickzeug und setze mich zu dir.
Hannes Lider werden schwer. Ein summender Ton ist da, manchmal wie ein Lied, manchmal wie im Winter das Sirren von Telefondrähten. Hannes versinkt im rötlichen Nebel, schläft vielleicht, ist vielleicht gestorben wie das Kalb beim Großvater. Wann starb das Kalb? Er und der Großvater waren traurig darüber. Beim Großvater sitzt er gern im Stall auf der Bank und

schaut den Kühen zu, wie sie nach dem Fressen mit den Köpfen aus dem Barren herauskommen. Manchmal riechen sie noch ein wenig am frischen Stroh. Holen mit der langen Zunge einige Halme ins große Maul, kauen. Sie kauen immer. Dann hebt eine nach der andern den Schwanz und pißt oder scheißt. Dabei bleibt man besser auf dem Stallbänklein sitzen, es spritzt. Wenn dann die Mäde sich hinlegt, tun es die andern nach und nach auch. Und Großvater sagt: Lichter löschen! Dann gehen sie zusammen in die Stube. Auf dem Ofen ist es warm, wärmer als im Stall. Oft schläft Hannes ein, und weiß dann nie, wie er ins Bett gekommen ist.
Wenn nur dieser lästige Ton nicht wäre. Immer sirrt es. Und manchmal nähert sich ein brauner Schatten. Hannes schreit. Dann spürt er eine Hand auf seiner Stirn, und er will, daß sie immer dort bleibt. Er versucht etwas zu sagen, aber er hat es vergessen. Der Ton wird lauter. Die gelben und roten Nebel wallen auf und ab. Mutters Hand ist weg.
Es ist totenstill. Hat er geschlafen? Ist jetzt Nacht? Die Nacht ist weiß wie ein Tag, an dem Rauhreif die Bäume überzieht.
Der Ton ist weg. Der Riese ist weg. Aus der Küche hört er die Mutter Geschirr spülen.

7

Die Sandbank verläuft im Kies der Aare. Kleine Fische wimmeln im seichten Wasser. Verhält man sich ruhig, kommen sie an die Oberfläche, schwimmen nahe her-

an. Wenn sich ein Fischchen ins Sonnenlicht dreht, blitzt es silbrig. Steht man auf, schießen sie weg nach allen Seiten. Ein wirres Durcheinander. Schlammwolken trüben das Wasser, und der Aufruhr verebbt nur langsam.
Verängstigte Grüpplein vereinen sich zögernd, bis sie wieder als eine dunkle Masse im besonnten Wasser liegen.
Die Kinder heben Gräben aus, lassen Wasser einfließen. Ein Labyrinth entsteht, mit Schleusen und Fallen, Klärteichen und Zufuhrkanälen für den Fischfang.
Die Kinder müssen warten und stillhalten, bis die kleinen Fische ins Labyrinth hineinschwimmen. Auf einem Stein, der aus dem Wasser ragt, hat eine Krähe einen Fisch gefressen. Die Schuppen glänzen. Zu diesem Stein darf man nicht hinauswaten; dort ist die Aare zu tief, und das Wasser zieht zu stark.

8

– Chunnsch mer nid id Chutzeburg abe! Kene chunnt mer id Chutzeburg abe! Meint ihr, ihr könnt mit mir machen was euch paßt. Denkt ihr, ihr könnt mich zwingen, euch hinten und vorne, jawohl, genau hinten und vorne, das würde euch gefallen, he! Aber genau das nicht mit mir!
Gewaltig taumelt er von einer Straßenseite auf die andere. Manchmal verschluckt ihn die Dunkelheit. Dann hört Hannes nur seine Drohungen. Dann wieder sieht er ihn, von einer Straßenlampe beleuchtet,

die Faust heben und zum hundertsten Mal verkünden, daß ihm keiner in die Chutzeburg komme. Den Abhang hinunter in die Oenz schleudere er ihn, dort könne er dann schnoppsen, oder ganz ersaufen. Ja, das wäre das beste für alle: einfach ersaufen, Schluß, fertig! Dann würden sie endlich ihr dummes Maul zumachen. In Frieden sitze er dann auf der Laube und schaue in den Abend hinein. Ja, weiß Gott, in den Abend hineinschauen.
Dann bleibt es still. Hannes glaubt, Jakob trotte den steilen Weg zur Chutzeburg hinab. Aber dem Jakob fällt etwas ein.
– Geht nicht, verkündet er, geht eben nicht! Da hat sie was dagegen. Friedlich in den Abend hineinschauen, dafür hat sie kein Verständnis. Nein, nicht. Würde grad anfangen mit Vorwürfen, das Räf: Hast du die Ziege gemolken? Den Stall muß man misten! Den Güggel metzgen! Den Pflanzblätz umgraben! Aber nein, nichts tut er. Geht in die Beiz, trinkt sich einen an. Weiß Gott, versäuft den letzten Rappen! Jawohl, so ist es! Recht hat sie! Versäuft den letzten Rappen, das arme Schwein. Schluß, fertig. Ab in die Fremdenlegion. Brauchen dort sicher auch Großväter. Bewähren sich am besten, die Großväter. Denen brauchen sie keine Pension zu zahlen. Fallen auf dem Felde der Ehre, he! Alle, ausnahmslos! Saufen sich mächtig einen an für die Entscheidungsschlacht. Fallen um. Wüstensand drüber. Erkennungsmarke zurück an die Witwen, die fidelen.
Hannes drückt sich an die Gartenmauer. Jutzeler geht mit dem Milchkarren vorbei.

Sälü Jakob, grüßt er den Betrunkenen. Hast einen fröhlichen Tag gehabt? Doch gleich legt Jakob wieder los.
– Gerade du, Jutzeler. Genau du kommst mir nicht in die Chutzeburg! Dich kenne ich! Immer fröhlich! immer freundlich! Dabei kocht dir die Galle über! Hast auch ein Räf zu Hause, schlimmer noch als meines. Ha, ha! Geschieht dir recht. Bist selber schuld, hättest besser hinschauen sollen, damals. Hast aber nur die strammen Brüste gesehen, he! War doch so! Ist mir auch so ergangen! Polterndes Gelächter entfernt sich. Jakob stimmt ein Lied an. Ob ein fröhliches oder ein trauriges – Hannes ist jetzt zu weit weg, um etwas zu verstehen.

9

Hannes und die Cousine – die er mag, obwohl sie immer alles besser weiß – gehen hinter dem Haus dem Zaun entlang bis der Zaun aufhört. Dort gehen sie weiter, aber nun schräg den Hügel hinab, weil kein Zaun sie mehr behindert. Sie knien nieder und pflücken beide Hände voll Schlüsselblumen. Mehr können sie nicht halten, und sie möchten noch viele pflücken; der ganze Abhang ist voll davon. Ganz gelb ist er, bis hinüber zu den Geißenblümchen – dort, wo vor einem Jahr noch die Hecke stand, die der Onkel dann im Winter rodete. Einen ganzen Monat lang hat er Eschen und Haselbüsche zersägt. Zum ersten Mal hat Hannes sich über den Onkel geärgert, der nannte das einen Fortschritt in der Landwirtschaft. Zum ersten Mal hört Hannes, daß es eine Landwirtschaft gibt; als Sechsjähriger versteht er doch schon allerlei vom Bauern. Der Onkel setzt ihn immer neben sich auf einen leeren Kartoffelsack, wenn sie aufs Feld fahren. Manchmal gibt er ihm die Pferdezügel in die Hände, darauf ist Hannes besonders stolz. Der Onkel und er, sie verstehen sich. Und Hannes ist stolz auf ihn. Aber als der Onkel die Hecke rodete, war Hannes empört: daß der Onkel nicht wußte, wie schön es unter den Büschen ist.

Die Geißenblumen machten den Fortschritt nicht mit und blühen immer noch im Halbschatten der Büsche, die es nicht mehr gibt. Hannes will noch zu den Dotterblumen unten an der Oenz. Die schönsten blühen am Wässergraben, wo die Kinder nicht hingehen dürfen.

Über die Brücke, dann stapfen sie zwischen Oenz und Graben der Sägerei zu. Das Bord ist steil, und die schönsten Dotterblumen blühen auf der falschen Bachseite. Hannes rutscht ab, bleibt im Schlick stecken. Als er endlich frei kommt, hat er den Schuh verloren, muß mit einem Stecken nach ihm suchen.

Von weit her hört man die Tante rufen. Die Cousine will heim. Hannes kann nicht ohne Schuhe nach Hause.

Die Tante kommt den Hügel herunter. Hannes spürt den Schuh, will ihn fassen, fällt in den Bach. Die Cousine weint. Die Tante kommt gleich über die Brücke.

10

Mit Anrüsten hat jeder Melker begonnen. Das Melken kommt dann ganz von selbst, erklärt der Onkel und nimmt für Hannes den kleinsten einbeinigen Melkstuhl von der Wand, schnallt ihm diesen um und sagt, beginn bei der Miggi, die ist die ruhigste.

Hannes streicht Melkfett auf die Finger. Er hat dem Onkel und dem Melker genau zugeschaut, wie sie mit den Fingerspitzen der rechten Hand übers Melkfett streichen, es von dort auf die linke Hand verteilen. Wie sie den Melkkessel greifen, im Vorbeigehen den Lappen mitnehmen. Dann den Stallgang entlang bis hinter die Kuh gehen, sich neben die Kuh stellen und sie in die richtige Stellung bringen. Das alles hat er sich längst gemerkt. Der Onkel stupft mit dem Stiefel die Kuh an die Haxen, drückt gleichzeitig mit der freien Hand auf den Oberschenkel. Die Kuh macht dann einen Schritt zur Seite, und der Onkel kann sich hinsetzen.

Hannes schmiert die Hände ein. Kessel bekommt er noch keinen. Den Euterlappen nimmt er lässig auf und stellt sich neben Miggi. Die macht sich nichts draus und frißt ruhig weiter. Auch recht, denkt Hannes, beim Melken müssen die Kühe ruhig fressen, dann geben sie die Milch gut. Nur hat Miggi das Bein eben falsch gestellt. Hannes faßt nach dem Oberschenkel. Aber der ist für ihn weit oben, er erwischt eher das Knie, was Miggi nicht schätzt und den Fuß anhebt, ganz langsam. Hannes weiß allzugut, daß eine Kuh dann plötzlich zuschlägt. Also tritt er gleich einen

Schritt zurück. Miggi stellt den Fuß wieder hin, leider immer noch falsch. Er versucht es nochmals; er stupft mit dem Stiefel leicht an die Haxen. Miggi hebt das Bein, und Hannes stemmt geistesgegenwärtig den Kopf gegen ihre Flanke. Die Kuh macht einen Schritt und steht richtig. Hannes hat schon öfters probiert, wie es sich auf einem Einbeinstuhl sitzt. Obwohl dieser zu hoch ist, macht ihm das keine Schwierigkeiten. Er streicht jetzt mit dem Lappen übers Euter, Stroh und festklebender Dreck dürfen nicht in den Kessel fallen. Miggi ist ruhig. Er greift nach den Zitzen, die vorderen zuerst. Ganz vorsichtig muß man sie nach unten ziehen, eher mit den Fingern an ihnen hinabstreichen. Hannes hat Mühe, die entferntere Zitze in den Händen zu halten. Er muß sich dabei weit unter die Kuh beugen. Zweimal schon hat Miggi bedrohlich das Bein gehoben. Hannes hat den Atem angehalten, Miggi hat den Fuß wieder hingestellt. Er spürt, wie sich die Zitze mit Milch füllt. Er drückt beim Hinunterziehen mit den Fingern fester zu. Ein Tropfen Milch fällt zu Boden, vermischt sich mit dem Mist. Die hinteren Zitzen sind schwieriger, die Kuhbeine stehen im Weg. Hannes lehnt den Kopf an den Bauch von Miggi. Wie es drinnen blubbert! Manchmal rauscht es sogar. Das muß der Magen sein. Kühe haben sieben Mägen, hat der Onkel erklärt. Da drinnen müssen gewaltige Fürze passieren! Die suchen sich einen Ausweg durch die Scheiße, und das pfeift. Aber vielleicht sind das gar nicht Fürze. Vielleicht hört man das Blut rauschen. Wie der Doktor, als er sich zwei Schläuchlein in die Ohren gesteckt und damit in Han-

nes Brust hineingehorcht hat, ob das Herz richtig schlägt oder die Lunge. Aber die Lunge schlägt ja nicht. In der zischt die Luft hinein und hinaus. Also war es wohl doch das Herz, worauf der Doktor gelauscht hat. Bei Miggi könnte es auch die Milch sein, die sich bewegt. Hannes spürt, wie die Zitzen immer dicker werden. Es gefällt ihm, an ihnen zu ziehen, immer stärker, bis ein richtiger Milchstrahl zu Boden schießt. Er beobachtet, wie die weiße Pfütze an den Rändern braun wird, wie die braunen Flecken sich ausbreiten. Er gibt noch einen Milchstrahl dazu. Ein Bächlein fließt dem Mistgraben zu. Er freut sich darauf, bald richtig melken zu können. Das Geräusch des Milchstrahls im Kessel, regelmäßig sich folgend. Ein Strahl von der linken Zitze, ein Strahl von der rechten, das hört er gerne. Zuerst zischt es laut und hell in den leeren Kessel. Später, wenn die Milch den Boden bedeckt, wird das Geräusch leiser, aber eindringlich. Und wenn sich dann Schaum bildet, hört man kaum noch etwas. Zuletzt, wenn die Zitzen mit fest zugepreßten Fingern ausgemolken werden, hört man den feinen Strahl wieder besser. Und Hannes weiß, daß der Melker dann gleich aufstehen und den Kessel durch den Stallgang zur Kanne tragen wird. Er unterscheidet seine schlurfenden Schritte von denen des Onkels. Auch beim Leeren machen es die beiden nicht gleich. Der Melker stellt erst den Kessel hin und spült das Sieb im Brunnen. Der Onkel schüttet gleich die Milch in die Kanne und spült das Sieb nachher oder gar nicht.
Gehts? fragt der Onkel.

Hannes muß schnell das Milchbächlein verwischen.
Nicht schlecht, sagt der Onkel und klemmt seinen Kessel zwischen die Knie. Jetzt kannst du beim Bleß probieren. Aber paß auf, der ist ein wenig nervös.

11

Ich schneide dir das Schnäbi ab, sagt Lotte.
Die zwei haben sich ausgezogen. Die Kleider von Hannes liegen verstreut unter dem Wagen. Lottes Kleider hängen an der Deichsel. Dann schneide ich dir den Bauch auf und nehme alles heraus, was drin ist, droht Hannes.
Das tust du nicht, sonst laufe ich nämlich weg und du kannst allein metzgerlen. Überhaupt mag ich dökterlen lieber. Das ist viel lustiger. Du darfst zuerst Doktor sein. Lotte legt sich hin und ist krank.
Au, das tut weh! Du bist ein miserabler Doktor, ein Quacksalber! Jetzt untersuche ich dich, sagt sie. Was ist mit deinem Schnäbi los, das hat ja Starrkrampf. Hast du das oft? So was ist gefährlich.
Das ist bei Männern halt so. Der Ernst bei Reinmanns, der legt sich auf die Bärble, wenn er Starrkrampf hat, dann bessert es ihm. Wenn ich mich auf dich lege, dann bessert es mir auch.
Du bist ein Sauhund. Jetzt willst du auch schon.

12

Es ist hell im Zimmer, heller als sonst.
Hat er sich verschlafen?
Seine Brüder schlafen noch in ihren Betten. Hannes richtet sich auf, schaut hin zum Fenster. Kein Sonnenstrahl fällt auf den Vorhang. Und wo sind die Bäume?
– Schnee...!
Hannes springt aus dem Bett. Steht am Fenster. Flocken wirbeln, fallen aufs Fensterbrett, häufen sich. Dringen in die Ritzen des Fensterladens. Kleben sogar am Glas fest. Sie haben das Nachbarhaus schon zugedeckt. Die Bäume unsichtbar gemacht.
Das Morgenessen dauert viel zu lange. Die eine Tante berichtet, die Wegmannschaft sei mit dem Schneepflug seit fünf Uhr unterwegs. Drei Pferde hätten sie eingespannt, doch es brauche bestimmt noch ein viertes. So viel Neuschnee! Seit Jahren habe es nicht mehr so heruntergemacht. In einer einzigen Nacht! Wenn das so weiterschneie, brächen die Äste von den Bäumen.
Hannes verliert die Geduld. Diese Erwachsenen, die immer nur reden. In die Stiefel sollen sie ihm helfen! Vier Mal hat er es schon gesagt. Mutter will wissen, wo die Handschuhe sind. Auf die kann er verzichten. Aber die Mutter besteht auf Handschuhen. Und auf die Mütze auch.
Man habe es gestern schon in der Luft gespürt, daß es schneien werde, meldet die Tante. Das spüre sie immer. Das Barometer sei seit Tagen gefallen.
Kein Wunder, denkt Hannes. Das mußte ja so kom-

men mit diesem Barometer! Seit einer Woche klopfen er und Großvater jeden Tag zwei-, dreimal an die Scheibe vor den Zeigern. Ein Barometer gäbe viel genauer das Wetter an, wenn man dort klopfe, behauptet der Großvater. Hannes kann sich nicht vorstellen, wie in diesem Barometer drin das Wetter gemacht wird.
Endlich ist auch seine Mütze gefunden!
Neben der Haustür sind die Schneehaufen so hoch, daß sie das Nachbarhaus verdecken. Einzig das Kamin ragt weit oben ins Schneegestöber. Einen lustigen Hut hat es aufgesetzt bekommen.
Jemand kratzt mit einer Schaufel. Vermutlich der Ausläufer, der den Weg zur Garage freimachen muß. Am Nachmittag soll wieder geliefert werden.
Auf der Straße sinkt Hannes im Neuschnee ein. Er preßt einen Schneeball. Die Feuchtigkeit ist genau richtig. Er wirft ihn. Der Ball verschwindet in einem Schneewall. Das Loch, das er hinterläßt, bricht ein. Eine ganze Reihe Löcher will er in den Schneewall drücken. Eine Höhle müßte man bauen! Eine große Schneehöhle, die nicht wieder zugeschneit würde.
Hannes schaut nach, wo Lotte und Rolf stecken. Die müßten längst draußen sein. Bauen vielleicht schon eine Höhle...
Beim Reinmann wird auch geschaufelt. Die Schaufel taucht immer wieder über dem Schneewall auf.
Lotte und Rolf findet er hinter Stubers Haus. Sie versuchen eine Schneerolle zu machen. Sie wollen sie über den Hügel hinausschieben. Und dann zuschauen, wie sie im Rollen größer und größer wird, den Abhang hinuntersaust gegen Brüggers Haus, und das

Haus unter sich begräbt... Geschähe dem Brügger recht! Der ist wie der Bögli. Mißgönnt den Kindern immer alles. Jedenfalls, Brügger kann jetzt nicht den Hügel heraufkommen und sie bedrohen. Weil es zuviel Schnee hat. Und wenn sein Haus von der Schneerolle völlig zugedeckt ist, hat er ohnehin zu tun.
Aber die Rolle will nicht recht gelingen. Nochmals anfangen. Der Schnee reicht den Kindern bis zum Bauch. Rolf ist ein Jahr älter und etwas höher, aber er versteht es mit Schneerollen trotzdem nicht besser als Lotte und Hannes, die jetzt zusammenarbeiten. Ihre Rolle beginnt zu wachsen. Wird so riesengroß, daß man sie nicht mehr schieben kann. Rolf muß zu Hilfe kommen. Endlich. Jetzt! Ein letzter Stoß.
Sie rollt. Achtung, der Weg! Gut gegangen. Eine Riesenkugel.
Das ist Brüggers Ende. Pauff! Knapp unter der Dachrinne hindurch, direkt vor die Haustüre. Brügger schreit. Er muß hinter dem Küchenfenster gesessen haben. Vermutlich beim Schnaps. Zum Glück kann er die Haustür nicht mehr öffnen.
– Verdammte Schnuderhunde! Er brüllt wie ein Stier.
Besser, sie ducken sich. Sonst holt der womöglich noch die Flinte. Zuzutrauen wäre es ihm.
Die Handschuhe sind pflotschnaß. Lotte will sich trockene holen. Ihre Mutter meint, sie sollten es mit dem Brügger nicht übertreiben.
Eine gute Idee: Tee und Butterbrote. Lottes Mutter streicht immer reichlich Butter drauf. Und die Himbeerkonfitüre, die sie jeweils im Heuet einkocht, schmeckt.

Ob sie ihr von der Schneerolle vor Brüggers Haustür überhaupt berichten? Auf dem Kachelofen dampfen die nassen Handschuhe. Die Stiefel haben sie auch ausgezogen.
Setzt euch alle auf den Ofen, befiehlt Lottes Mutter, sonst werdet ihr krank, und dann habt ihr den Winter gehabt.
Unter den Stühlen, auf denen die drei gesessen haben, spiegeln sich Pfützen.
– Ihr dürft ein paar Nüsse aufschlagen, während eure Kleider trocknen. Die Socken solltet ihr auch ausziehen. Ihr habt ja krebsrote Zehen. Die werden euch tüchtig nageln, sind ja beinah abgefroren.
Vor dem Fenster baumelt ein Vogelhaus, Lottes Mutter hat Futter aufgeschüttet. Eine Amsel sitzt mitten auf dem Brett und vertreibt alle andern Vögel. Die Finken warten auf dem Zwetschgenbaum. Wenn der Winter andauert, werden später die Zeisige kommen. Und die Gimpel mit den roten Bäuchen.
Die drei wollen wieder hinaus in den Schnee.
Wenn in Stockmatten die Glocke läutet, müßt ihr nach Hause, ruft ihnen Lottes Mutter nach.
Mit offenem, himmelwärts gerichtetem Mund versuchen sie Schneeflocken einzufangen. Immer wieder schnappen sie zu, und wissen dann nicht, ob sie eine Flocke erwischt haben. Manchmal spürt man, wie einem eine Schneeflocke auf den Lippen zerrinnt. Dann wieder fällt einem eine Flocke in die Augen. Wenn sie zu lange in den grauen Himmel hinaufschauen, aus dem sich ununterbrochen Schneeflocken lösen, wird ihnen schwindlig.

Glockengebimmel! Das ist der Schneepflug! Die kommen zu uns. Wenn sie oben sind, haben wir eine Schlittelbahn.
Geißelknallen, Fluchen. Sie sind steckengeblieben.
Frau Jutzeler schimpft: So ist es mit den Männern, wenn sie Schnee pflügen; da sind sie bereits am Vormittag sternhagelvoll.
Die Kinder rutschen den steilen Hang hinunter. Vor ihnen staut sich der Schnee. Sie müßen mit Armen und Beinen abstoßen. Purzeln seitwärts in die Verwehungen. Schreien, sausen kopfüber hinab, verlieren die Orientierung. Und stehen zuletzt wie Schneemänner unten am Straßenrand.
Bei den Schneepflügern sieht es nicht gut aus. Die sind gründlich vom Weg abgekommen. Bestimmt haben sie die Markierstangen doppelt gesehen. Der Schneepflug steht schief, und zwei Pferde stecken bis zum Bauch in den Verwehungen.
Frau Jutzeler hat Verstärkung erhalten. Frau Bögli schimpft jetzt mit. Blöde Kuh, brummelt unten ihr Mann und hält sich am Schneepflug fest.
Zum Glück kann er sich festhalten, der stünde sonst nicht nur schief.
Vier, fünf Mal versuchen die Männer, den Schneepflug freizubekommen. Aber es ist vergebens, die zwei Pferde schaffen es nicht. Wir müssen dem Kari seine holen, sagt einer. Schneeberger marschiert los.
In der Zwischenzeit hat Brügger seine Haustür freibekommen. Er stapft mit einer Flasche Schnaps unter dem Arm herüber. Das veranlaßt Rolf, Lotte und Hannes, sich etwas straßenaufwärts zu verschieben.

13

Grausiges Tuten in den Schlaf hinein. Er schrickt auf. Sitzt bolzengerade im Bett. Dunkelheit. Hat er geträumt? Aber da ist es wieder. Gepolter im Treppenhaus. Hannes springt auf. Mutter im Nachthemd am Fenster. Sie hebt ihn auf einen Stuhl. Rotflackernder Schein von Wallwil her. Scheinwerfer unten im Tal. Und nochmals tutet das Feuerhorn.
Ich komme ja, verdammt nochmals, schimpft der Bäcker und knöpft die Uniformjacke zu.
Aus dem roten Schein lohen plötzlich gelbe Flammen auf.
Es muß bei Großenbachers sein, ruft Frau Stuber vom Nachbarhaus herüber.
Auf der Straße rasselt der Spritzenwagen der Feuerwehr vorbei. Die Pferde scheuen. Geschrei. Hannes hat die Stimme des Onkels erkannt. Der Onkel befiehlt, was mit der Leiter zu geschehen hat. An seinem Gürtel baumelt ein Beil, in einem Futteral natürlich, damit er sich nicht verletzt, das hat sich Hannes genau angeschaut, wenn der Onkel an eine Übung ging. Und wie er das Seil quer über die Schultern hängt, und die beiden Karabinerhaken prüft, weil er sich vielleicht sichern muß mit dem Seil, wenn er ins Feuer hinein geht. Das alles hat der Onkel ihm gezeigt. Und Hannes hat ebenfalls bei der Hauptübung zugeschaut, als sie das Schulhaus abgespritzt haben. Da war er ganz stolz darauf, wie rasch der Onkel die Leiter hinaufgeklettert ist, mit dem Wendrohr über den Schultern. Der Schlauch und das Seil schleiften hinterher. Und

dann ohne zu zögern hinein durchs Fenster. Kam nochmals für einen Augenblick zurück.
Nummer eins Wasser, brüllte er und verschwand wieder. Erst dann wagte sich der nächste hinauf. Als der schrie: Nummer zwei Wasser! war der Schlauch vom Onkel längst prallvoll. An zwei Stellen hatte es ein Loch im Schlauch, da spritzte ein dünner Wasserstrahl heraus. Drinnen im Schulhaus durften sie nicht spritzen, nur draußen und aufs Dach, und auch nicht gegen die Fenster.
Hannes hätte gerne gesehen, wie das Wasser im Schulzimmer herumspritzte. Die Wandtafel hätte man nachher nicht mehr putzen müssen.
Jetzt rasselt der Spritzenwagen die steile Straße hinab. Ein paar verspätete Feuerwehrmänner rennen hinterher. Hannes ist sicher, daß der Onkel keine Angst hat, ins Feuer hineinzugehen. Auch wenn das gefährlich ist wegen dem Rauch und den brennenden Balken, die manchmal abstürzen.
Das ist sicher wieder Brandstiftung, ruft Frau Stuber. Hoffentlich ist die Polizei weniger tolpatschig als beim letzten Mal, als sie erst am nächsten Tag einen Kommissar schickten, der zudem keine Ahnung hatte. Der fand nicht einmal heraus, daß der Knecht, der das Lichtlein in der Heubühne bemerkte, keineswegs aus der Wirtschaft kam, sondern von einem viel wärmeren Ort. Hannes weiß es übrigens auch. Die Batzenberger Hornußer waren auf einer Reise ins Thurgauische, und die Waldhofbäuerin war allein zu Hause.
Übrigens kam der Knecht nicht nach Wirtschaftsschluß heim, sondern erst in der Morgendämmerung.

Er hat auch nicht Alarm geschlagen, weil er meinte, der Meister sei schon aufgestanden. Er wollte sich in seinem Zimmer rasch umziehen. Als er zurückkam, brannte es lichterloh.

Hannes wundert sich, daß der Kommissar aus Bern keine Ahnung hat. Aber Frau Stuber behauptet, das sei immer so mit denen von Bern.

Außer Atem kommt Peter mit dem Velo den Hügel heraufgefahren. Der geht schon in die achte Klasse und darf deshalb hinüber ins Nachbardorf. Ja, bei Großenbachers brenne es, und sie hätten nicht alle Tiere retten können. Eine Sau sei immer wieder in den Stall zurückgerannt, und zuletzt habe man sie schreien hören wie am Messer. Und der junge Großenbacher sei verletzt, weil er nochmals ins Haus hineingegangen sei, dabei habe ihn ein brennender Schrank aus dem oberen Stock, in dem die Bankbüchlein und die Goldvreneli lagen, beinahe erschlagen.

Die Wallwiler seien zuerst zur Stelle gewesen, aber das habe nichts genützt, weil ihre Schläuche so löcherig gewesen seien, daß beim Rohr vorne kaum Wasser herausgetropft sei. Dann sei der Feuerweiher leer gewesen, und die Fische lagen tot im Schlamm. Da hätten sie von der Aare her eine Leitung gelegt.

Vier Polizisten seien schon dort. Sicher Brandstiftung! Und die Feuerwehr von Woog sei mit dem Auto gekommen, aber gespritzt hätten sie nicht, sie hätten den Ansaugstutzen zu Hause vergessen. Wegen dem Elektrischen, der Strom sei nicht abgestellt gewesen, habe es beinahe ein Unglück gegeben, als die von Wallwil mit Löschen angefangen hätten. Zum Glück seien

ihre Schläuche leck gewesen und darum der Wasserstrahl nicht hoch.
Hannes zittert vor Kälte, aber er läßt sich nichts anmerken. Plötzlich lodert das Feuer hoch auf.
Herr Jesus, jetzt brennt der Stock! schreit eine Tante. Aber der alte Brügger unten auf der Straße, in seinem schwarzen Mantel, unter dem das Nachthemd hervorlugt, weiß es besser. Das sei bloß der Widerschein im Nebel, der jetzt tiefer herabhänge. Aber gefährlich sei es schon, denn es könnte Wind aufkommen und aus einem Gluthaufen ein Feuermeer entfachen. Das sei anno 97 so gewesen, als Stockmatten abgebrannt sei wegen dem Westwind, während die Feuerwehrmänner im Bären bereits die erfolgreiche Löscharbeit feierten. Da sei nichts mehr zu machen gewesen. Sogar die Leiter sei verbrannt.
Über dem Greblishäusernwald zeichnet sich gelbgrüne Dämmerung ab. Hannes kann das Zittern nicht mehr verheimlichen. Die Mutter schickt ihn ins Bett. Aber da kommt glücklicherweise der Bäcker in seiner Uniform den Hügel herauf, der Vater komme auch gleich. Das erste Brot gebe es heute um neun Uhr, basta. Tatsächlich wieder Brandstiftung. Man habe einen über die Wallwilerbrücke in den Wald rennen gehört. Dann sei ein Auto weggefahren. Frau Stuber ist sicher: Wieder einer dieser Gangster aus der Stadt. Die scheinen überhandzunehmen. Schrecklich, was sie im gelben Heft über diese Psychopater gelesen habe. Die hätten alle einen Komplex und sogar zwei oder drei. Jedenfalls müsse das zugenommen haben, seit sie aus der Stadt fort sei. Seinerzeit, als ihr Vater Vorarbeiter

gewesen sei in der Stadt, habe es diese Gangster noch nicht gegeben oder bloß ganz wenige.
Stehend trinken der Vater und der Bäcker Kaffee, bevor sie in die Backstube gehen. Der Vater ist überzeugt, daß es ein Kurzschluß war.

14

Hannes liegt auf dem Bauch im lauen Wasser. Hände und Knie stützt er auf den Grund. Der Hügel steht auf dem Kopf, und die obersten Bäume sind jetzt zuunterst. Das Haus steht auf dem Kamin; die Ziegel müßten hinunterfallen, hinunter in den blauen Himmel. Hannes liegt zwischen Wolken. Rund um ihn herum schweben sie. Wie ein Bussard kreist er zwischen ihnen. Wenn er sich zu heftig wendet, zittern sie, und der Hügel fängt an zu wanken. Das Haus zerfällt und die Bäume fliegen davon. Hannes versucht, das Bild anzuschleichen. Aber wenn er aufsteht, weicht es zurück, wenn er vorsichtig den Fuß hebt, das Gewicht verlagert, den Fuß aufs Dach setzen will, sinkt er im Wasser ein. Man müßte die Spiegelung überlisten, denkt er, müßte sich schlafend stellen vielleicht, oder einfach wegschauen und sich dann unvermittelt umdrehen.
Von der Straße kommen Kinder heruntergelaufen. Wie Reitpferde, die durch einen Bach waten, heben sie die Beine. Das Wasser spritzt nach allen Seiten. Hannes läuft ihnen entgegen. Es gibt keinen Hügel und kein Haus mehr, nur noch Gischt und Lichtgefunkel. Sie jagen sich, ziehen einander ins Wasser. Endlich ermüdet, liegen sie wie ein Rudel Seehunde

im seichten Wasser und schauen den Wellen nach, die am Grasbord verebben. Heureste treiben auf der Oberfläche, frischgrüne Halme durchstoßen die Wasserhaut. Die Mädchen setzen sich auf, sie klagen über die Grasstoppeln unter Wasser. Viel schlimmer seien Blutegel, meint Rolf. Die Mädchen erheben sich. Es gebe viele Egel, behauptet er. Den Knaben scheint jetzt auch, daß sich etwas rühre auf dem Grund. Sind Blutegel gefährlich? Und wie! Einige Mädchen laufen zur Straße hin. Die Buben schlendern demonstrativ gemächlich Richtung Schleuse. Der See müßte größer sein, bis zur Aare müßte er reichen. Klaus schiebt einen Stecken ins Loch der Hebewelle, an der die Ketten des Schleusenbrettes befestigt sind, und drückt ihn nach unten. Rolf wartet, bis das zweite Loch oben auf der Hebewelle auftaucht. Dann schiebt er seinen Stecken hindurch und dreht abwärts. Schon schießt Wasser unter der Seitenschleuse hindurch. Man müßte jetzt die Hauptschleuse absenken.
Ein Pfiff. Sekunden später rennen die Buben zu ihren Kleiderbündeln. Das war der Bögli-Bauer. Er äugt hinter seinem Schuppen hervor, kommt die Hofstatt herunter. Plötzlich bleibt er stehen, zündet gemächlich die Pfeife an. Er hat festgestellt, daß Reinmanns Matte kaum mehr Wasser bekommt, dafür aber die seine.

15

Über die Matten gehn zur Zeit des Sauerampfers, wenn es regnet. Wenn das Gras wie Wellen auf dich zukommt, an dir vorbeiebbt. Rote Kronen flammen

vom Sauerampfer und weiße vom Kerbel. Aber eine richtige Brandung macht nur das Mädesüß. Hannes hat zwar noch nie eine richtige Brandung gesehen, aber beim Bäcker-Großvater hängt im Schlafzimmer ein Bild, auf dem der Heiland übers Meer wandelt. Und das ist eine richtige Brandung. Das Schiff mit Petrus und den andern Jüngern darin wird nächstens umkippen. Nur dem Heiland macht das nichts.
Das sei so, weil es eben der Heiland sei, hat Großvater belehrt.
Großvater weiß viel mehr als andere Leute. Das sei wahrscheinlich so, weil er als junger Bäcker bis nach Petersburg gekommen ist. Von Petersburg weiß Hannes zwar auch rein nichts, aber das muß unerhört weit weg sein und heißt jetzt ganz anders, weil dort die Kommunisten sind, und bei denen muß alles anders heißen. Der Großvater will nichts hören von den Kommunisten, auch nichts von der Migros, das sei grade das gleiche Pack. Wegen denen gebe es zuletzt überhaupt keine Bäckereien mehr, und dann könnten die Leute schauen, wo sie das Brot hernehmen. Hannes findet es völlig richtig, was der Großvater sagt. Aber ihm fällt ein, daß die Bauern-Großmutter das Brot auch nicht in der Bäckerei holt, sondern selber macht. Und daß bei ihr im Keller auf den Brettern, die mit Drähten an die Decke gehängt sind, fast so viele Brote liegen, wie der Großvater am Morgen aus dem Ofen nimmt.
Den Sauerampfer kaut Hannes fast so gerne wie den Waldklee. Am allerliebsten hat er das Habermarch mit den gelben Blüten. Wenn man die Stengel bricht,

tröpfelt weiße Milch heraus. Das Habermarch ist ein wenig süß, darum liebt er es am meisten.

Wenn es regnet, findet Hannes, ist es am schönsten, über die Wiesen zu laufen. Dann hört man nichts anderes als den Wind, und wie es auf Hannes zugedeckte Hutte tropft, die er am Rücken trägt. Er muß den Leuten auf der andern Seite der Matte drei Brote bringen. Ob er heute ein Trinkgeld bekommt? Bei diesem Regenwetter vermutlich schon. Jedenfalls will er das Wasser, das sich hinter der Kapuze gesammelt hat, erst im Hausgang ausleeren, damit die Leute merken, mit welchen Strapazen das Brotaustragen verbunden ist; fast solche, wie sie Großvater erlebte, als er bloß mit einem Stecken in der Hand nach Petersburg marschierte.

Die Migros bringt denen keine Brote ins Haus, auch nicht bei schönem Wetter, denkt Hannes und schaut, ob sich auch in der Seitentasche Regenwasser gesammelt habe.

16

Fräulein Siegfried, die Lehrerin, hat einen Stuhl vor die Wandtafel hingestellt, auf dem Hannes stehen darf. Sonst könnte er nicht die langen Reihen von Misthaufen, einen neben dem andern, zeichnen mit gelber Kreide, und schon gar nicht den Jura dahinter, der blau angemalt werden muß, weil er so weit weg ist. Dummerweise hat Fräulein Siegfried auf die linke Wandtafel Rechnungsaufgaben für die Zweitkläßler geschrieben, sonst fänden noch mehr Misthaufen

Platz. Einen, zwei Misthaufen brächte er allerdings schon noch zwischen die Zahlen, das sollte niemanden stören.
Die Drittkläßler lesen. Er hört zwar immer zu, es stört ihn nicht beim Rechnen oder Schreiben. Aber jetzt hat Hannes keine Zeit. Dieses eins und eins sind zwei und zwei sind vier ist ohnehin etwas vom Dümmeren, das er kennengelernt hat. Die Geschichte, die gelesen wird, stört ihn jetzt; sie ist allerdings ganz interessant. Aber er muß sich beeilen mit den Wolken über dem Jura. Es soll ein Gewitter geben, und dazu braucht es viele hohe Stockwolken, die runde Buckel haben, fast wie die Misthaufen, aber nicht hinter-, sondern übereinander. Nun bricht die weiße Kreide zum zweiten Mal, weil er sich so weit hinaufstrecken muß. Fräulein Siegfried hat sich umgedreht und hört auf mit dem Lesen. Auch ihr ist aufgefallen, wie schön die Misthaufen hintereinanderliegen, fast bis nach Batzenberg hinüber. Aber eigentlich doch nicht Richtung Batzenberg, weil hinter den Misthaufen der Jura zu sehen ist, und der ist in Wirklichkeit auf der andern Seite.

17

Hannes sieht die Sonnenflecken über den Mist wandern, über den Mistladen, den Miststock hinunter, während das Rotschwänzchen auf dem Holm des Mistkarrens sitzt; es fliegt weg, kommt zurück, immer wieder, wippt jedesmal mit dem Schwanz.
Sonntag morgen. Alles still auf dem Hof. Onkel und Tante in der Predigt. Die Kühe am Wiederkäuen. Der

Knecht im Schießstand, von wo das Knattern eines Schnellfeuers zu hören ist. Feldschießen. Sicher bringt er später einen Kranz nach Hause.
Hannes weiß, wo der Onkel das Flobertgewehr versteckt hat. Und die Patronen dazu: Die kleinen runden für die Spatzen, die langen für die Krähen. Krähen hört Hannes keine, weder auf dem Nußbaum noch drüben am Waldrand. Aber das Rotschwänzchen wippt immer wieder auf dem Mistkarrenholm.
Er hat nicht die Absicht gehabt, auf das Rotschwänzchen zu schießen. Aber jetzt liegt es auf dem Mistladen. Hannes läuft weg mit dem Gewehr, stellt es in den Schrank, kommt zurück. Der Vogel liegt immer noch da. Hannes nimmt ihn in die Hand. Ganz weich ist der kleine Körper. Der Kopf baumelt. Tot ist der Vogel. Mausetot. Erschossen hat er ihn. Ein Tropfen Blut glänzt auf dem Brett.
Hannes weiß nicht, was er tun soll. Mit dem toten Vogel in der Hand rennt er auf die Getreidebühne hinauf, reißt das Fenster auf. Legt den Vogel auf das Fensterbrett. Betet zu Gott, daß der Vogel wieder fliegen kann. Hofft, daß sein Gebet erhört wird und weiß, daß es nicht geschehen wird. Er hört Onkel und Tante zurückkommen. Sie werden nach ihm rufen. Er packt den Vogel, steigt die Leiter neben dem Roßstall hinunter, ergreift im Vorbeigehen die Schaufel und rennt los. Rennt der Kälberweide entlang, überquert den ersten Weg, dann den zweiten, bleibt endlich bei den Eichen stehen. Schaut um sich, ob ihn niemand sieht und zwängt sich dann zwischen den Büschen durch auf den schattigen Platz, wo der vermooste Findling aus dem

Boden ragt. Da wird er den Vogel begraben. Er legt ihn auf das Moospolster. Blutrot ist der Schwanz und rabenschwarz die Kehle. Neben dem Stein gräbt er ein Loch. Auf der Wiese holt er Blumen: Skabiosen und Margriten. Dann weiß er nicht mehr, was noch nötig wäre. Mit dem Ärmel wischt er die Tränen ab und schaufelt das Grab zu. Er fragt sich, ob er ein Kreuz binden soll, doch er läßt es bleiben, streut dürres Laub über die Stelle.

Was er auf dem Balken oben suche, fragt die Tante am Nachmittag. Die Katze hat den Rotschwanz gefressen, behauptet er, jetzt muß man doch seine Jungen füttern.

18

Sieben Pfosten sind in den Boden gerammt. Drei mangelhaft entrindete Rundhölzer darübergenagelt. Sie werden verstärkt von ein paar Dachlatten, welche die Kälber glattgescheuert haben. Darüber ein Dach aus rostigem Wellblech. Von früheren Verwendungen her ist es verbogen. Durch die alten Nagellöcher tropft der Regen.

Hannes ist zu dem Kälberunterstand gerannt, als die Regenböen die Äste der Weiden herumzuschlagen begannen und keine Aussicht mehr bestand, daß eine Forelle nach der an die Angel gespießten Heuschrecke schnappen würde.

Hannes dürfte hier nicht fischen. Das Flüßchen ist mit Fischrechten belegt, die von altersher vererbt werden. Weder sein Vater noch er sind solche Erben. Hannes findet das ungerecht, da niemand die Forellenplätze so gut kennt wie er und auch niemand so ausdauernd darauf wartet, daß die Forellen unter den Baumstrünken hervorkommen.

Der Lärm des Regens auf dem Blechdach übertönt das Schlagen der Äste und das Zittern der Blätter; sie bewegen sich wie in einem Stummfilm. Regenböen jagen übers Wasser. Hannes wünscht sich, die Hütte würde unten an der Aare stehen, wo er die ganze Breite des Flusses überblicken könnte. Milliarden von Regentropfen schlagen dort aufs Wasser, jeder Tropfen läßt unzählige kleine Tröpfchen aufspritzen, die dann als Nebel vom Wind über den Fluß getrieben werden. Warum kommt der Wind in Stößen daher? Als ob ein Riese hinter dem Wald hervorblasen würde, der ab und zu Atem holen muß?

Hannes kippt die Futterkrippe um und legt sich hinein. Die Arme hinter dem Kopf verschränkt, kann er bequem die kleinen Wasserfälle beobachten, die aus den Blechrinnen herunterstürzen. Beim Aufprall auf die Kuhfladen schlagen sie kleine schwarze Krater aus, in denen sich Seelein bilden. Aus einigen laufen kleine Bäche weg. In anderen versickert das Wasser wie in den Dolinen im Jura. Hannes sieht die Bächlein zusammenfließen, größer und größer werden, in Flüsse und Ströme münden. Dörfer, Städte liegen daran, werden weggeschwemmt. Leute ertrinken, andere können sich auf die schwarzen Kuhmistberge retten. Dort bauen sie neue Dörfer, leben nicht mehr vom Fischfang, sondern pflanzen Gemüse und suchen Beeren. Aber eines Tages werden diese Berge unterspült. Erdrutsche gehen nieder, Seen bilden sich, wo vorher

Hügel waren. An Bretter geklammert, können sich einige Leute retten. Die werden Flößer, später Schiffer, und ihre Kinder fangen wieder an, Städte zu bauen, die eines Tages vom Hochwasser weggerissen werden. Was passiert, wenn bei nachlassendem Regen aus den Wasserfällen, die vom Dach rinnen, wieder einzelne Tropfen werden? Warum wird der Wasserfall nicht einfach dünner und dünner? Warum tropft es plötzlich?

Hannes versucht, die einzelnen Tropfen zu beobachten. Wie sie sich bilden, wie sie fallen und aufschlagen. Aber er kommt immer zu spät. Immer verliert er die Tropfen aus dem Gesichtsfeld. Er sieht sie gar nicht als Tropfen, sondern bestenfalls als Strich. Ein weißer Strich vor dem Wald und ein grauer Strich am Himmel. Komisch. Warum ist ein Wassertropfen einmal weiß und einmal grau? Es ist doch immer derselbe Tropfen. Kommt das vielleicht daher, weil Wasser durchsichtig ist? Aber dann müßte es doch vor dem hellen Himmel auch hell werden und nicht dunkel, und vor dem Wald eben dunkelgrün. Vielleicht rührt das vom Spiegeln her. Wasser spiegelt eben. Übrigens sieht er vor den hellen Wolken manchmal gar keinen dunklen Strich. Oft sieht er oben gar nichts und vor den Tannen erst die hellen Striche. Vielleicht also doch wegen der Durchsichtigkeit.

Aber merkwürdig ist es mit den Bäumen. Vorhin, als ein Sonnenstrahl durch die Wolken auf den Waldhügel fiel, zeichneten sich die sonnenbeschienenen Äste deutlich vor den Schatten ab; jedenfalls unten am Hügel, aber oben, wo die Bäume wie bei einem Scheren-

schnitt vor den weißen Wolken stehn, da waren sie dunkel, obwohl doch dort oben, gerade dort, Licht auf die Äste fiel.
Das mit den Farben verstand Hannes nicht. Wenn die Sonne schien, sollten doch die Farben am stärksten sein. Aber oft ist das nicht so. Wenn es regnet, erscheint der Wald viel grüner als an einem sonnigen Tag.
Und auch mit den Steinen verstehe ich etwas nicht. Wenn sie trocken sind, sind sie grau oder ockerig, vielleicht auch weiß. Aber grün und rot und gelb werden sie erst, wenn man sie naß macht. Dann können sie violett sein oder durchsichtig wie Glas. Man erkennt die feinen Äderchen und meint, in sie hineinschauen zu können. Aber sobald die Steine trocknen, verlieren sie ihre Farbe wieder.
Die Erwachsenen wissen über diese Dinge nichts. Ausgenommen vielleicht der Stuber Franz. Der malt öfters am Sonntag hinter seinem Haus, hat ihn auch schon gefragt, welche Farbe hat jener Baum dort? Der ist nicht nur grün.
Es könnte sein, daß der Stuber Franz etwas weiß von diesen Dingen. Mit den andern Leuten kann man darüber nicht reden, die lachen nur blöd.

19

Geschrei hinter verschlossener Türe. Hannes wagt nicht hineinzugehen. Besser, er versteckt sich in der dunklen Ecke hinter dem Schrank. In Großvaters Haus wird sonst nicht geschrien.

Die Tür fliegt auf, eine schluchzende Tante läuft vorbei.
– Komm zurück, befiehlt der Großvater.
– Laß sie! Ist bestraft genug. Die Tante, die Hannes fürchtet, schließt die Tür. Ganz rot ist sie im Gesicht.
Gottlose Buhlerei, schreit der Großvater.
Es muß eine große Sünde geschehen sein. Um die Tante, die Hannes gern hat, wäre es schade, wenn sie deswegen ins ewige Feuer käme.
– Zur Hölle werdet ihr fahren, spricht der Herr!
– Versündige dich nicht, Vater.
– O Gott, was werden die Leute sagen?
– Fallstricke Satans.
– Wie konnte diese Kuh nur so blöd sein?
– Wie redest du denn?
– Laß mich in Ruhe. Schließlich bin ich es, die hier immer zum Rechten schauen muß. Auf der alle Arbeit lastet. Und zu welchem Lohn, he, zu welchem Lohn eigentlich?
– Halt den Mund, du Heuchlerin!
– Wollt ihr endlich aufhören!
– Ich geh ins Wasser! Diese Ungerechtigkeit! Ihr werdet noch an mich denken. Die Tür knallt zu.
Vergib uns, Herr, unsere Sünden, betet der Großvater. Hannes kann ihn nicht sehen, obwohl die Türe jetzt offensteht. Aber das Geschrei auf der Laube hört man. Durch den Spalt sieht Hannes die zwei ineinanderverkeilten Tanten, wie sie sich inbrünstig an den Haaren reißen, sich gegenseitig die Gesichter zerkratzen. Wie sie einander in die Röcke greifen. Hört Knöpfe zu Boden rollen. Und dann steht die Tante, die er fürchtet,

mit zerrissenem Hemd da. Nackt die weißen Brüste. Stille plötzlich. Nur die Brüste heben und senken sich. Dann sieht Hannes nichts mehr, weil die beiden an die Türe krachen und er beinahe zerquetscht wird.

20

Dichter Nebel liegt auf den Matten. Hannes riecht das frischgemähte Gras. Das muß Reinmanns Matte sein. Er liebt den Geruch frischgemähter Wiesen. Den Nebel eigentlich auch, obwohl er manchmal ein wenig Angst hat, darin zu gehen. Im Nebel weiß man nie, ob Bäume wirklich Bäume sind oder vielleicht Riesen. Oder sogar Gespenster, die Kühe verhexen und Knaben in Höhlen locken, vielleicht um sie dort umzubringen, wie dieser Mörder von Zürich, der es jedoch auf Mädchen abgesehen hatte. Aber glücklicherweise gibt es in dieser Gegend keine Höhlen. Dafür ein paar unheimliche Bachtobel. Dort wäre dann mit allem zu rechnen, nicht nur in Mondnächten, wenn ohnehin der Landvogt Willading umgeht. Hexen sollen im Nebel auch allerlei Schabernack treiben. Mit offenen Blusen sollen sie umherhuschen und manchmal sogar ohne Kleider. Da heißt es aufpassen. Aber er, Hannes, hat keinesfalls im Sinn, sich vor solchen Märchen zu fürchten. Und er geht entschlossen dem Geruch des frischgemähten Grases nach. Doch der Nebel wird dichter, die Aare kann nicht mehr weit sein. Der Grasgeruch hat sich verflüchtigt. War da was? Ist doch dummes Gerede, das von den Hexen. Und ob es Riesen wirklich gibt oder gegeben hat, ist auch nicht er-

wiesen. Aber da vorne ging etwas vorbei. Jetzt kommt es wieder. Hannes bleibt stehen, sagt sich, das ist ein Baum. Weiß nicht mehr, wo er sich befindet. Im Nebel soll es vorkommen, daß man im Kreis herumgeht. Immer im Kreis, ohne es zu merken. Aber da ist der zweite Wassergraben. Den kennt er am Pfaffenhutbusch. Und darunter sitzt keine Hexe, nicht einmal eine Nixe. Nixen seien ganz schön anzusehen in ihren dünnen Kleidern. Alles sehe man hindurch. Und gefährlich wie die Hexen seien sie nicht. Nur müsse man aufpassen: Die seien gerne bei den Sümpfen, und wenn man ihnen folge, könne es gefährlich werden.
Hier gibt es keine Sümpfe mehr.
Gleich ist Hannes bei den Mausefallen, die er am Rand von Böglis Feld gestellt hat. Es hat so viele Mäusehaufen dort, daß fast kein Gras mehr wächst. Der Bögli-Bauer hat den Dorfmauser beschimpft, er treibe sich nur auf den Feldern des Gemeindepräsidenten herum. Hannes hat sich Böglis Mäusen angenommen. Gestern abend hat er ein Dutzend Fallen gestellt. Ob die Mäuse in ihren Höhlen den Nebel wahrnehmen? Die Fische spüren es, wenn sich das Wetter ändert. Das hat ihm Ernst gesagt, und das ist der beste Fischer weit und breit.
Hannes bleibt stehen, damit er nicht zu früh bei den Fallen eintrifft. Vielleicht läuft gerade jetzt eine große Maus den Gang entlang und direkt in die Falle, hat nichts gemerkt, ist drin und tot, Schluß. – Oder doch nicht? Hat etwas gemerkt, hat sich umgedreht, ist auf und davon! Es hat keine, es hat keine, murmelt Hannes vor sich hin und tut ein paar Schritte.

Es hat keine, es hat keine! Er muß das fünfzigmal sagen, dann hat es eine Maus in der Falle. Wenn er es hundertmal sagt, hat es ganz bestimmt eine darin. Wenn er die Grasmutte vor der Mausehöhle wegnimmt, sieht er sofort, ob die Falle zugeschnappt ist: Die Kupferspirale ist dann kleiner geworden. Hannes weiß, wie es sich anfühlt, wenn er die Falle mit der Maus darin herauszieht. Manchmal ist keine Feldmaus drin, sondern ein Maulwurf mit spitzer Nase und messerscharfen kleinen Zähnen. Sein Fell ist wie Samt. Man könne Pelzmäntel daraus machen, hat ihm der Vater gesagt. Noble Frauen liefen in solchen Mänteln herum und hätten keine Ahnung, wie man Maulwürfe fange. Maulwürfe sind die besten Erdarbeiter. Sie können mit den Vorderbeinen, die wie Hände aussehen, unglaublich schnell graben. Und schlau sind sie auch, viel schlauer als die Feldmäuse; die sind doch auch nicht dumm. Wenn ein Maulwurf einmal mit knapper Not der Falle entgangen ist, wenn er bloß gestreift worden ist, stößt er Erde vor sich her, und schwupp, ist die Falle zu.
Hannes erhält pro Maus zehn Rappen und pro Maulwurf zwanzig. Und weil er heute bereits etwa achthundertmal gesagt hat: es hat keine, es hat keine, hat er vier Feldmäuse und zwei Maulwürfe gefangen. Er wird dem Bögli sagen, daß er alle auf seinem Feld gefangen habe, obwohl drei eigentlich noch ganz knapp auf Reinmanns Acker gewesen waren. Aber wahrscheinlich wären sie in drei Tagen ohnehin auf Böglis Matte gewesen, bei dem Tempo, mit dem besonders die Maulwürfe vorankommen. Und im Grund könnte

ihm der Bögli zusätzlich etwas zahlen. Sonst läßt er, Hannes, es in Zukunft sein, auf Böglis Matte Fallen zu stellen.

21

An zwei Stellen war bei schweren Regenfällen im November das steile Ufer abgerutscht, hatte Schlehdorn- und Erlengebüsch und sogar eine Esche mitgerissen. Das hatte, wegen ihrem weitverzweigten Wurzelwerk, niemand für möglich gehalten. Nicht einmal das Holz konnte Reinmann, der rechtmäßige Besitzer, einbringen. Einfach davongemacht hat die Esche sich. Schwimmt jetzt vielleicht dem Meer entgegen. Aber wahrscheinlich ist sie irgendwo gestrandet. Im Rechen des Kraftwerks vermutlich, dort, wo sie jeweils auch die Leichen der Ertrunkenen herausziehen – solche, die nicht schwimmen können. Und andere, die besoffen in die Aare fallen, wie der Büetiger, der im Auto mit seiner Büroangestellten neben der Brücke vorbeigesaust ist. Die Frau dümpelte bereits am nächsten Tag im großen Widerwasser unterhalb der Stromschnelle und wurde von zwei Polizisten und dem Wildhüter an Land gezogen. Den Büetiger fand man erst nach drei Wochen.
Reinmanns Esche, von der man annahm, daß sie im Widerwasser steckenbleiben würde, weil sie nur hundert Meter oberhalb gestanden hatte und deshalb nicht weit im Fluß draußen hätte vorbeitreiben können, war nicht hängengeblieben. Jetzt schwimmt sie dem Rhein zu, wenn man sie nicht im Kraftwerk herausfischt und zu Brennholz zersägt.

Wegen der Lücke im Ufergehölz mußte Reinmanns Knecht Pfähle in den Boden schlagen und alte Bretter daran nageln. Den Kindern verbot man strengstens, über den Zaun zu klettern. Hannes begegnete dem Verbot mit Freizügigkeit. Er genießt es, sich auf das oberste Brett zu setzen und die Beine baumeln zu lassen. Er findet, hier hätte längst eine Lücke sein sollen, denn nur so ist der Blick frei auf die Stromschnellen. Zur Zeit des Maikäferfluges ist es besonders interessant. Da schwimmen die Döbel dicht unter der Wasseroberfläche im Widerwasser. Und ihre Kuhmäuler durchbrechen immer wieder die Wasserhaut, um sich einen dahertreibenden Käfer einzuverleiben. Wäre nicht das Tosen der Stromschnelle, man würde das Knacken der Chitinpanzer hören, wenn sich die Fischmäuler schließen. Hannes hofft, eines Tages eine ebenso moderne Weitwurfrolle zu besitzen wie der Ernst, der beste Fischer weit und breit. Dann würde er auch einen Maikäfer an die Angel spießen und weit hinauswerfen. Da könnte er dann beobachten, wie die dunkle Schwanzfloße eines riesigen Döbels sich in Bewegung setzt, ein klein wenig schneller als üblich, unter dem dahintreibenden Maikäfer kurz anhält, vermutlich, um ihn nochmals anzusehen, und dann auftauchend das Maul zu öffnen.
Hannes nimmt sich vor, das Mäusefanggeld zu sparen. Vielleicht würde er dann Watstiefel kaufen. Und könnte jenseits der Insel auf die Forellen Jagd machen. Auf die Insel, ein Naturschutzgebiet, darf man eigentlich nicht. Einmal war er trotzdem dort, mit dem Vater, an einem Sonntag im Spätherbst. Bis hinauf zur

Brücke waren sie spaziert, und dann zwischen Kanal und Aare auf der andern Seite hinunter. Der Vater erzählte, wie es früher gewesen war. Daß in der Aare nur der Bodmer fischen durfte – von Woog bis Rohrmoos! Wie er und seine Knechte die Netze nicht herausziehen konnten, weil sie so voller Fische waren. Alle Wirtshäuser im ganzen Oberaargau hätten die Fische von Bodmer beziehen müssen. Es seien auch große Hechte im Netz gewesen und einmal sogar ein Lachs. Die Forellen habe er meistens mit der Rute gefangen, riesige manchmal; und Äschen habe es so viele gehabt, daß sie zum Laichen Rücken an Rücken die Oenz herauf geschwommen seien. Äschen laichen am liebsten in kleinen Flüssen wie der Oenz.

Auf der Höhe der Insel sind sie verbotenerweise hinausgewatet, nachdem sie Schuhe und Socken in den Schachtelhalmen versteckt hatten. Und weil die Mutter so etwas nicht gerne sah, mußten die kleineren Brüder am Ufer bleiben. In den vielen Rinnsalen wimmelte es von kleinen Fischen. Auf der Insel haben sie nichts besonderes entdeckt. Im Frühling brüten viele seltene Vögel hier, darum sei es ein Reservat.

Hannes sitzt auf dem Brett und kneift die Augen zu. Schwierig, durch das Gefunkel hindurch zu erkennen, ob hinter den mächtigen Quadern jenseits der Holzverbauungen Ringe auf dem Wasser verfließen. Riesige Forellen muß es dort geben. Die großen blauen Eintagsfliegen treiben wie Segelschiffe auf dem Wasser daher. Das lockt die Forellen aus den Verstecken unter Steinen und Schwemmholz hervor. Plötzlich sind sie da. Ringe überall. Blupp, blupp. Manchmal werden sie unvorsichtig, springen sogar aus dem Wasser heraus einer Fliege nach, die sie zuerst verfehlt haben. Trotz Augenzukneifen kann Hannes nicht erkennen, ob es soweit ist. Sicher kommt heute der Fischer mit den Watstiefeln und der Fliegenrute. An Samstagen kommt er meistens. Im Mai regelmäßig. Niemand in der Gegend hat Watstiefel, und nur der Bodmer besitzt eine Fliegenrute. Die braucht er nicht mehr, er ist zu alt. Nächstens sollte der Fischer mit den Watstiefeln den Hang herunterkommen, sonst wird es zu spät. Nach drei Uhr ist nur noch selten ein Ring auszumachen.

Wo kann man Fliegenruten kaufen, und wieviel kosten sie? Er muß unbedingt noch zwanzig Mäusefallen kaufen, sonst schafft er es nicht.

War das ein Ring? Mitten im Strudel direkt unter ihm. Hannes lehnt sich weit hinaus. Blupp. Ja, das war sie. Ein Unding von einer Forelle. Schon wieder! Diesen Stein merkt er sich.

Wie man die künstlichen Fliegen macht? Der Bodmer hat ihm einmal eine gezeigt. Aus Hahnfedern, vom Hals. Und ganz fein war sie, einer lebendigen täuschend ähnlich. Er muß versuchen, mit Leim und Faden eine zu machen.

Schon wieder ein Ring! Hannes springt vom Zaun. Der Fischer drüben ist da. Eben nimmt er die Brente vom Rücken, läßt eine Forelle hineingleiten. Stellt die Brente ins Wasser. Sicher sind schon ein paar Fische drin.

Wieder eine! Er nimmt den Feumer zu Hilfe. Es muß eine große sein.

Hannes möchte in Stockmatten wohnen. Er würde sicher nicht warten, bis am Samstag dieser fremde Fischer kommt und alle Großen herauszieht! Er, Hannes, wüßte sich zu helfen, auch ohne Weitwurf- oder Fliegenrute. Aber die von Stockmatten verstehen wahrscheinlich nichts vom Fischen. Zum Glück ist der Hechtkolk auf Gruber-Seite und nicht auch noch in Stockmatten drüben. Die ‹Hechtwoog›, das ist Grubersache. Höllisch gefährlich ist sie. So lange die Aare fließe, gebe es sie schon, hat der Vater gesagt, seit zwanzigtausend Jahren oder noch länger, einer Million vielleicht. Den großen Wirbel habe es auch schon immer gegeben. Den Wirbel, der ganze Bäume hinabreißen kann, geschweige denn Menschen. Zwanzig Meter tief sei die Aare dort, und auf dem Grund alles voller Bäume. Wenn ein Schwimmer in den Wirbel gerate, sei er so gut wie verloren. Der bleibe verschwunden, werde nie im Rechen des Kraftwerks gefunden. Der bleibe in den Ästen der Bäume auf dem Grund hängen und werde allmählich von den Aalen aufgefressen. Nicht vom Wooghecht, der frißt nur Lebendiges, Döbel vorallem, manchmal auch eine Ente, im Frühling besonders die Jungen. Schon mancher Fischer habe ihn an der Angel gehabt, aber es sei aussichtslos. Der kenne jeden Trick. Und wenn ein Fischer meine, jetzt hätte er ihn, so treibe der Hecht allerlei Schabernack. Zuletzt sei die Schnur im Geäst verheddert und der Wooghecht weg. Riesig müsse der inzwischen sein! Nur eine Chance gibt es, ihn zu überlisten. Wenn einmal ein Hochwasser höher ist als gewöhnliche Hochwasser, staut sich die Aare bis hinauf ins Oenztal. In der Oenzmündung sammeln sich riesige Fischschwärme, die man im trüben Wasser kaum sieht. Aber die Brenten der Fischer, die reihenweise dort stehen, füllen sich mit Brachsmen, Barben, Hasel und Nasen. Und da soll es vorgekommen sein, daß ein Fischer eine Brachsme an der Angel hatte und auf einmal einen gewaltigen Ruck verspürte. Keinen Zentimeter habe er die Schnur einholen können, im Gegenteil, plötzlich sei von seiner Rolle die Schnur abgesurrt, ohne daß er sie bremsen konnte. Und wie das Ende der Schnur gekommen sei und die Rute sich aufs Wasser hinuntergebogen habe, sei die Schnur mit einem Knall gerissen. Und das Ende sei in Richtung Woog verschwunden.

22

Den Gewinn des Mäusefangs hat Hannes konsequent aufgeteilt.
Mit einem Teil kauft er neue Fallen, der andere ist Sackgeld. Hannes kann sich allerhand leisten. Sein Fischgerät wird immer besser, und am 1. August knallt er länger als alle andern.
Hundertzwanzig Fallen hat er im Boden. Beinahe so viel wie der Dorfmauser. Ärgerlich für diesen. Ein Kleinkrieg zwischen dem Siebzigjährigen und dem Zehnjährigen bricht aus.
Dällenbach klaut Hannes Mäuse. Eine Ungeheuerlichkeit. Hannes kam den Wald hinunter, wollte soeben auf die Matte hinaus, als er den Alten bei seinen, Hannes, Fallen knien sah.

Losrennen, ihn zur Rede stellen, ihn Dieb und Vagant nennen? Das ging nicht. Warum nicht?
Wie angewurzelt blieb Hannes stehen, war nicht fähig sich zu rühren. Weinte vor Wut. Wurde noch wütender über die blöden Tränen. Dieser elende Schurke! Beim Onkel wollte er ihn verklagen; bei dem mußten sie ihre Fänge abgeben. In ein kleines Heft schrieb er, als Gemeindekassier, die Guthaben ein.
Der Dällenbach leugnete alles ab. Behauptete sogar, Hannes habe ihm Mäuse geklaut, schon dreimal habe er es gesehen.
Fünf Franken wurden Hannes nicht ausbezahlt. Fünfzig Mäuse oder fünfundzwanzig Maulwürfe hatte er umsonst gefangen. Das würden sie büßen; der Onkel auch, der ihm nicht geglaubt hatte.
Der Dällenbach sollte erfahren, mit wem er sich angelegt hatte! Morgen würde er um fünf Uhr losziehen. Er wußte, wo Dällenbachs Fallen am fängigsten waren. Seine eigenen Fallen würde er inskünftig tarnen. Keine weithin sichtbaren Markierungsstecken mehr. Die Grasnarbe würde er fein säuberlich über den Fallen wieder einpassen. Er konnte sich gut merken, wo er sie gestellt hatte. Zudem würde er sein Revier ausweiten. An die Waldmatte in Richtung Wallwil hatte er schon früher gedacht. Im Grund gehörte sie nicht so ganz zu Gruben. Ein Bauer vom Dorf hatte sie gepachtet.
Hannes steht am Waldrand. In letzter Zeit hat er sich angewöhnt, aus der Deckung heraus zu beobachten.
Die Waldmatte verspricht guten Erfolg. Hier hat er Dällenbach nicht zu fürchten. Mit seinem Gichtbein

kann der nicht so weit marschieren. Und der Mauser von Wallwil soll noch älter sein, und er hat hoffentlich auch böse Beine.

Hannes macht sich an die Arbeit. Der Erfolg ist durchschlagend. Er geht systematisch vor: jeden Tag hundert Meter weiter. In drei Tagen wird er am Wallwiler Waldrand sein.

Seit gestern liegt dichter Nebel. Das ist Ende September normal. Früher hatte er Angst, aber jetzt nicht mehr. Bei diesem Wetter kann ihn niemand sehen, das ist wichtig.

Erde klebt an den Fallen. Die Finger werden klamm. Er muß die Hände von Zeit zu Zeit in den Hosentaschen wärmen und von einem Bein aufs andere hüpfen. Der Atem steht wie Rauch in der kalten Luft. Bald wird es mit dem Mauserhandwerk zu Ende sein.

Die Waldmatte wird gegen den Waldrand hin sandiger. Die Maushöhlen brechen leicht ein. Wenn es dann noch feucht wird, stoßen die Mäuse und besonders die Maulwürfe die sandige Erde vor sich her. Die Fallen schnappen zu, bevor die Nager erwischt sind. Gerade heute hat er es mit einem raffinierten Luder zu tun. Sechs Fallen, alle im gleichen Höhlensystem, alle zugeschnappt. Kein einziger Fang! Hannes putzt die Gänge sorgfältig mit der geschlossenen Falle. Ja nie mit den Fingern, das riechen die Mäuse sofort.

Ein Schatten taucht aus dem Nebel. Direkt vor ihm! Hannes springt auf, weicht zwei Schritte zurück. Der Schatten trägt einen dunklen Mantel, erdverkrustet über den Knien. Und hat einen Korb umgehängt, aus dem Ruten herausragen. Hält in der Hand einen Ha-

selstock. Hannes zieht sich nochmals einige Schritte zurück. Man kann ja nie wissen!
– Aha, da bist du also! Ich habe mir schon gedacht, daß du das sein mußt. Bis hierher kommt nämlich Dällenbach schon lange nicht mehr. Darf er auch nicht. Und du schon gar nicht. Das ist Wallwilerboden, das weißt du genau!
Der ist noch älter als Dällenbach, denkt Hannes. Und ist sicher, daß er dem leicht entwischen kann. Darum wagt er einzuwenden: Aber einer von Gruben hat die Matte gepachtet!
Der Alte grinst. Hannes ist irritiert, daß der nicht gleich mit dem Stock herumfuchtelt.
– Du bist mir ein Früchtlein! Wie heißt du?
– Hannes.
– Und weiter?
– Geißbühler.
– Sieh mal an. Diese frommen Geißbühler sollte man nicht unterschätzen. Leitet der Großvater immer noch die Sonntagschule? – Ja, wenn er nicht am Sonntagmorgen einen Hexenschuß hat, weil er am Samstag so viel backen muß.
– Ja, ja, unseren Jahrgängen geht es verschissen. Bei mir ist's die Gicht. Aha, denkt Hannes.
– Sag ihm einen Gruß vom Hasler. Wird ihn nicht besonders freuen. War nicht zu bekehren seinerzeit. Sag mal, wie gebt ihr in Gruben die Mäuse ab?
– Denk so, wie wir sie gefangen haben.
– Also die ganzen Mäuse?
– Natürlich.
– Nicht bloß ein Bein oder den Schwanz? Ich zum Bei-

spiel muß bloß das linke Hinterbein abliefern. Ist doch viel einfacher. Man schneidet das Bein ab und wirft die Maus in die nächste Hecke. Fuchsfutter. Du solltest einmal mit dem Dällenbach darüber reden. Es würde sicher eurem Kassier passen, wenn er nicht ständig den Misthaufen voller Mäuse hat. Und wir zwei könnten dann vielleicht auch wieder darüber reden. Es dürfte bei euch nicht auch das linke Hinterbein sein. Also, mach's gut, ich muß gehn.
Hannes spürt das Herz bis in den Hals hinauf klopfen. Einen heißen Geruch wie frisches Blut muß er hinunterwürgen. Er zittert.
Ich muß noch die Fallen stellen, sagt er sich und kniet nieder. Dreimal schnappt eine zu, bis sie richtig plaziert ist.
Das mit den Schwänzen! Darf man so etwas?
Am zweiten Graben bleibt er stehen. Wie komme ich an Dällenbach heran. Geht nicht! Ist ohnehin Betrug. Nur, die Gemeinde hat ihm auch fünf Franken gestohlen.
Der Oktober ist naß und kalt. Anfang November ist Schluß mit dem Mäusefang, es schneit. Zwei Tage Matsch. Ab Mitte Dezember schneit es richtig und ist sehr kalt.
Einen so kalten Winter hatten wir seit 1921 nicht mehr, sagt der Großvater. Er muß das Bein mit Murmelfett einreiben. Es stinkt in der Stube. Alle, die hereinkommen, rümpfen die Nase. Aber dem Großvater wagen sie nichts zu sagen.
Seit Großvater in Grindelwald war vor vielen, vielen Jahren, als er noch jung war, kennt er das Murmelfett.

Der Meister habe es gebraucht und der Gletscherpfarrer, der das Grindelwaldnerlied gedichtet hat. Die Gsüchti gebe es dort oben in der klaren Luft auch, nicht nur bei uns im Nebel unten. Da hilft nur Murmelfett.
Aber nicht immer, denkt Hannes. Manchmal muß Großvater dazu noch Tropfen nehmen.
Im Februar wird Hannes, der wegen dem Skifahren und allem, was los ist im Winter, nicht mehr an den alten Hasler gedacht hat, an das Mauserhandwerk erinnert. Der Onkel hat Dällenbach angestellt, um Reiswellen zu machen. Hannes muß die vielen Äste zusammentragen. Zum Zvieri sitzen sie auf einem Baumstamm am Feuer. Dällenbach nimmt zwischen dem Brotkauen immer wieder einen Schluck Bäziwasser und redet darum ganz freundschaftlich mit Hannes. Der erinnert sich an die entgangenen fünf Franken und getraut sich, von der Begegnung mit dem alten Hasler zu erzählen. Er erwähnt auch das mit den Schwänzen und den rechten oder linken Hinterbeinen. Dällenbach wird nachdenklich. Hat Hannes wohl zu viel gesagt? Da schüttelt Dällenbach den Kopf, nimmt einen tüchtigen Schluck und fängt an zu lachen.
– Warum zum Teufel sind wir nicht früher darauf gekommen? Es hätte uns beiden eine Menge Ärger erspart.
Der Frühling bringt eine große Mäuseplage. Der Onkel ist froh, nur noch die Mäuseschwänze auf den Mist werfen zu müssen. Später meint er, wenn das so weitergeht, ist die Gemeindekasse bald leer. Hannes mel-

det seine Bedenken beim Dällenbach, doch der lacht ihn aus.
– Wegen der paar Mäuse verlumpen die noch lange nicht! Hannes ist nicht so sicher. Der Onkel will immer genau wissen, wo er die vielen Mäuse gefangen habe. Auf seinen Feldern sei es nicht schlimmer als in andern Jahren.
Im Sommer befiehlt der Onkel, daß wieder die ganzen Mäuse abzugeben seien. Die Mäuseplage ebbt sofort ab. Der Onkel grinst jedesmal, wenn die beiden Mauser die Fänge bringen. Hannes erwartet das Schlimmste. Erst im Juli beruhigt er sich. Die Mäuseplage ist verheerend. Und jetzt wundert sich der Onkel.

23

Der Schatten des Hügels zieht sich langsam aus dem Talgrund zurück. Die Wipfel der Erlen flammen wie Kerzen auf. Im Oberholz hört man Rufe. Jemand antwortet. Stimmen verhallen als ihr eigenes Echo. Auf dem Apfelbaum singt ein Star. Mit Flügelschlägen begleitet er sich wie sein eigener Dirigent. Das gesprenkelte Gefieder blitzt wie die Instrumente der Dorfmusik.
Zwei Knaben gehen der Hecke entlang. Ducken sich ins Dunkel der Haselbüsche, wechseln hinüber zu den vermoosten Apfelbäumen. Machen bei der verfallenen Brandruine Halt, um sich zu vergewissern, daß niemand sie beobachtet. Ein paar Stufen die feuchte Treppe hinab. Man kann noch ihre Köpfe sehen. Aus dem Kellerloch Modergeruch. Nachts würden die

zwei sich nicht herwagen: Der Bauer, der zuletzt seinen Hof selber in Brand gesteckt hat, gehe um. Grün sei er, von Algen überzogen. Von den Wänden tropft es, und die morschen Apfelhurden stehen im Wasser. Die zwei haben das selber gesehen, als sie sich mit der Sturmlaterne hineinwagten.
Aus dem Kellerloch heraus überblicken sie das Tal. Niemand folgt ihnen. Sie könnten die Abkürzung durch die löwenzahngelbe Wiese nehmen. Doch scheint es ihnen ratsam, im Schatten zu bleiben. Beeilen müßen sie sich. Die Sonne hat den Bachgraben erreicht. Wenn die Weiden ins Licht kommen, müssen die Jungen hinter dem Blattwerk verschwunden sein. Am Vorabend haben sie den Kessel für die Krebse unter dem großen Weidenstrunk versteckt. Dort muß einer von ihnen als Wache bleiben. Eigentlich hätte Hannes gern mit dem Krebsfang begonnen. Er befürchtet, daß Rolf die besten Plätze zuerst absucht. Rolf ist leider der ältere.
Hannes hat sich hinaufgehangelt, er sitzt auf dem Weidenkropf, von Ästen umstellt wie in einem Korb. Er hört Rolf im Bach herumplanschen. Vom Hubel her kommt ein Gespann den Waldweg herunter. Ob Hannes den Ruf der Ringeltaube nachahmen sollte, als Warnung für Rolf? Vielleicht biegt der Eigenmann, um sein Gespann handelt es sich, in den oberen Weg ein und verschwindet wieder. Das Haus von Matthys muß er auch beobachten; sehr schnell könnte einer von dort her am Bach sein.
Der Fitislaubsänger schmettert sein zilp-zalp, zilp-zalp. Seine Jungen werden bald ausschlüpfen. Aber

vielleicht macht sich ein junger Kuckuck in ihrem Nest breit und hat die andern längst hinausgeschmissen.
Der Eigenmann ist verschwunden. Hannes hat gar nicht gemerkt, daß er abgebogen ist. Durch das Geäst der verblühenden Apfelbäume sieht er die beiden Fohlen des Viehhändlers immer wieder dem Zaun entlangtraben. Den Viehhändler muß Hannes auch beachten, dem gehört die Fischpacht weiter oben. Die sollten er und Rolf einmal untersuchen. Ob Rolf bald zurückkommt? Er wird sich übers Bachbord hinaushangeln und nachschauen. Bereits hat er sich zwischen den Ästen hindurchgezwängt, hat den schräg abstehenden Ast mit beiden Händen gepackt und rutscht in jenem Moment, als ein Schatten über ihn hinweghuscht, hinunter. Das flattrige Geräusch hat Hannes noch wahrgenommen, bevor er am Ast baumelt. Keine vier Meter entfernt landet der Wiedehopf im Gras. Jetzt nicht loslassen.
Der Vogel wendet zwei, drei Mal den Kopf, die Haube nicht gesträußt. Er hupft zur Seite. Stochert mit dem langen Schnabel unter einem dürren Grasbüschel. Nichts! Er trippelt herum, kommt ins Sonnenlicht. Wunderschön die weißen Bänder! Wie das glänzt! Bei jedem Schritt nickt er mit dem Kopf. Die Haube wippt mit. Er nähert sich. Stochert wieder im Gras. Hannes wird sich nicht mehr lange festhalten können. Der Wiedehopf hackt in einen Kuhfladen. Hannes läßt den Ast los. Der Vogel sträußt empört die Haube. In seinem schwarzen Auge glänzt das Licht. Sekunden stehen sie sich gegenüber. Den taumeligen Abflug rea-

lisiert Hannes kaum. Das schwarze Auge schaut ihn immer noch an. Daß Rolf ihm von der Erle her ungeduldig Zeichen gibt, beachtet er nicht.

24

Auf der Brücke stehen und ins Wasser hinunterschauen. So lange hinunterschauen, bis die Brücke zu fahren beginnt. Dann wird die Aare ein See, auf dem die Brücke fährt wie ein Schiff. Hannes steht an der Reling und schaut auf die Wasserfläche, wo der Gischt wirbelnd davonzieht, wegebbt von Hannes Schiff, das übers Meer fährt bis nach Amerika, wohin schon Kolumbus segelte, weil er noch kein Dampfschiff hatte.
Aber er, Hannes, findet jetzt heraus, wie das ohne Dampfschiff geht. Nur lange genug in die Aare hinunterschauen, dann fängt die Brücke an zu fahren, und der Wald fährt mit, und die Wolken auch. Aber bei den Wolken weiß man nie, ob sie nicht ohnehin fahren. Wenn man den Wald lange anschaut, dann beginnt er langsamer und langsamer zu fahren, und zuletzt steht er still, und Hannes muß rasch wieder ins Wasser hinunterschauen. Ob man denn überhaupt wissen kann, was stillsteht und was fährt, wenn doch die Welt eine Kugel ist und sich dreht – wie ihm der Vater erklärt hat – und darum sieht man die Sonne auf- und untergehen. Unheimlich, wie alles in Bewegung ist. Daß Wasser abwärts fließt, findet Hannes normal, aber daß das Meer, in das alle Flüsse fließen, immer gleich groß bleibt, wie der Vater versichert, der schon einmal am Meer war, das kann er nicht verstehn! Er

versteht auch nicht, woher die Aare immer ihr Wasser hat, wobei das mit den Gletschern schon stimmen mag. Aber so viel Wasser jeden Tag, da wären doch alle Gletscher längst geschmolzen. Es muß sich um etwas handeln wie die Unendlichkeit, von der sogar Großvater nichts genaues weiß, etwas ähnliches wie die Ewigkeit, von der er immer redet, weil in der Bibel davon geschrieben steht. Der Großvater weiß auch nicht, ob die Unendlichkeit irgendwo zu Ende geht und was noch außerhalb ist, er wird hässig, wenn Hannes ihn solche Dinge fragt. Er redet lieber über die Ewigkeit, die er im Himmel zu verbringen gedenkt. Hannes weiß nicht, ob er selber fromm genug ist, daß er einmal dorthin kommen wird. Er mißtraut dem Himmel ein wenig. Ob Engel auf den Wolken wirklich sitzen können? Jedenfalls fällt ihm auf, daß Engel Flügel haben, für den Notfall vermutlich. Und ob Hannes diese Harfen spielen möchte? Fräulein Siegfried hat im Schulbericht geschrieben, musikalisch sei er nicht.

Die Unendlichkeit scheint noch nicht erforscht zu sein. Und die Sterne machen Hannes manchmal Angst: böse flackern sie in ihrer Unendlichkeit. Im Winter ist es am schlimmsten, da stehen sie schon am Himmel, wenn er in die Käserei geht. Manchmal weiß er überhaupt nicht, was er von all dem halten soll. Manchmal wäre er am liebsten so fromm wie der Großvater, der nicht daran zweifelt, daß es ihm im Himmel gefallen wird, trotz der noch nicht ganz erforschten Unendlichkeit.

25

Wenn der Stuber Franz das Rohr im Schraubstock eingespannt und das Winkeleisen mit einer Zange darangepreßt hat, geht er hinüber zu den Gasflaschen mit den Ventilen, den Schläuchen und den Düsen. Er nimmt die Brille von der Wand, schiebt das Gummiband über die Glatze, bis es die Ohren berührt. Die Brille beläßt er vorerst auf der Stirne. Zuerst reguliert er das ausströmende Gas. Bevor es brennt, kann man es riechen. In Franz' Butik kann man jeden Arbeitsvorgang riechen; auch wenn er nicht arbeitet, riecht man das Öl und die Eisenspäne.
Wenn er das Gas reguliert hat, schiebt er die Brille vor die Augen und greift nach der Funkenzange. Dann schießt die Flamme aus der Düse. Kurze Zeit ist sie gelb, dann dreht Franz am Regulierhahn, die Flamme wird kleiner, sie wird blau und zischt. Manchmal gibt es einen Knall, und die Flamme ist ausgelöscht. Dann beginnt Franz von neuem: Wieder eine große, gelbe Flamme. Drehen am Regulierhahn, bis es zischt.
Du sollst nicht in die Flamme schauen, schimpft Franz, das habe ich dir schon oft gesagt. Marsch, hinaus mit dir!
Aber so eilig hat es Hannes nicht, er weiß, Franz wird sich gleich auf seine Arbeit konzentrieren und ihn vergessen. Nur in die Flamme schauen darf man nicht, da wird Franz böse. Aber Zuschauen hat er nicht ungern. Hannes hat Franz einmal zum Onkel sagen hören, der Bub interessiere sich für alles und habe auch keine zwei linken Hände. Darauf ist Hannes stolz. Der On-

kel und Franz, das sind auch Männer mit zwei rechten Händen. Zusammen also schon sechs. Ab und zu wagt Hannes einen kurzen Blick in die Flamme, unter der das Eisen zu glühen beginnt. Franz hält den spitzen Hammer in der linken Hand, um die Schlacke wegzuschlagen, die sich beim Schweißen bildet. Aber so gut wie mit der rechten geht es mit der linken Hand doch nicht.
Franz hat die Brille hochgeschoben und die Düsen an ihren langen Schläuchen auf die schwarze Werkbank gelegt. Er prüft mit dem Winkelmaß, ob das Eisen richtig fixiert ist. Manchmal muß er daran herumdrücken, bis es sitzt. Wenn es nicht paßt, muß er es neu festmachen. Dann ist es ratsam, sich mäuschenstill zu verhalten, dann ist der Franz wütend. Wenn der Winkel stimmt, beginnt er zu schweißen; die Naht wird wunderbar gleichmäßig und nicht voller Buckel und Löcher. Der Franz könne schweißen, wie keiner sonst, sagt der Onkel. Das will etwas heißen, denn auch der Onkel hat zwei rechte Hände.
Manchmal muß die Schweißnaht weggeschliffen werden, weil das Werkstück genau in eine Maschine passen muß, da darf keine Erhebung stehenbleiben. Hannes schaut zu, wie Franz den Transmissionsriemen auf das Puli der Schleifmaschine lenkt. Er stellt sich neben die Tür, von dort aus sieht er die Funken wie Sternschnuppen vorbeisausen. Hannes findet dieses Feuerwerk in Stubers Butik fast so gut wie jenes am 1. August; dort kracht es noch so schön, und vor allem das Zischen der Zündschnüre macht Hannes zappelig. Weglaufen, bevor es kracht? Da kann man zeigen, daß

man sich auskennt und keine Angst hat: Demonstrativ langsam geht man weg, und nicht zu weit. Nur einmal ist er richtig weggerannt, in den Ferien bei einem Onkel, der eine Drogerie hat. Sie wohnen am Albis bei Zürich, dort gefiel es Hannes nicht so, aber Tante und Onkel sind in Ordnung. Am 1. August gingen alle, auch die Cousins, auf den Albis, dies ist kein richtiger Berg wie etwa die Roggenfluh. Doch die vielen Augustfeuer konnte man von dort aus gut sehen. Der Onkel hatte alles Feuerwerk, das im Laden nicht verkauft worden war, mitgenommen. Alle Raketen, Zuckerstöcke, Sonnen, Frauenfürze und bengalischen Zündhölzchen wurden gemeinsam abgebrannt. Bloß die dicken Kanonenkracher verbot die Tante anzuzünden, wegen dem kleinsten der Cousins, der war in ihren Armen eingeschlafen. Aber der Onkel bedeutete Hannes, daß diese Kracher noch drankommen würden. Als die andern alle zu Bett gegangen waren, gingen der Onkel und Hannes nochmals aus. Der Dorfplatz lag im Dunkeln; vermutlich hatte eine Rakete die Straßenlampe beschädigt. So konnten sie ungesehen die Kracher auf dem Rand des Brunnens verteilen, die Zündschnüre ordentlich auswärts gerichtet.
– Eine Reihe zündest du an, die andere ich. Und wenn die letzte Zündschnur zischt, rennst du die Kirchgasse hinauf bis zum Schuppen.
Beinahe wäre Hannes beim Wegrennen gestolpert, es krachte schon, als ihn der Onkel am Arm faßte. Sie haben hinter dem Schuppen hervorgeschaut und gesehen, wie die Leute die Fenster aufrissen, während noch ein verspäteter Donner krachte. Der Metzger-

meister hat schrecklich geflucht über die donners Schnuderbuben, den Onkel hat es geschüttelt vom unterdrückten Lachen; der Metzgermeister und er saßen zusammen im Gemeinderat.
Beim Stuber Franz in der Werkstatt ist er lieber als am Albis, auch weil sie dort zürideutsch reden, was eine unmögliche Sprache ist.
Der Franz kann aber noch ganz andere Dinge als schweißen. An Sonntagen bei schönem Wetter sitzt er manchmal hinter dem Haus unter dem Birnbaum, von wo man einen schönen Ausblick über das Aaretal hat. Auf einem Haraß breitet er die Buchsizeitung aus, über die er sonst immer flucht, weil sie zu spät komme wie die alte Fasnacht. Auf der Zeitung breitet er alles aus, was er zum Malen braucht. Einen sorgfältig gespitzten Bleistift, einen roten, weichen Radiergummi, zwei Pinsel, die steckt er dann in den Mund und prüft, ob sie durch den Speichel spitz werden. Zuletzt öffnet er den Malkasten. Darin hat es in kleinen, viereckigen Näpflein viele Farben, und alle Näpflein sind so sauber, daß man die Farben richtig leuchten sieht. Franz legt den Block mit den Aquarellblättern auf seine Knie. Hannes würde gerne wissen, wie die Papiere zusammengeheftet sind, und was das heißt: Aquarell. Aber jetzt darf man den Franz nicht mehr stören, er muß sich so stark konzentrieren wie beim Schweißen.
Mit gestrecktem Arm hält Franz den Bleistift senkrecht vor sich und zeigt mit dem Daumennagel an, wie hoch der Jura ist. Manchmal hat er nicht richtig gemessen, er muß alles ausradieren und nochmals anfangen. Wenn die Bleistiftzeichnung stimmt, nimmt er

den Malkasten zur Hand. Dieser hat an der Unterseite einen Ring, durch den man den Daumen schieben muß. Franz hat den Ring ersetzen müssen, weil er für seinen Daumen viel zu eng war. Maler sind meistens Sprenzel, sagt er. Aber jetzt paßt der Ring über seinen Daumen, der vom Schweißen immer geschwärzt ist, wie auch vom Öl, in das er die Eisenstücke tunkt, wenn er sie geschliffen hat. Mit dem kleinen Pinsel mischt er die Farbe. Mit dem größeren Pinsel kann er nicht in die Näpflein hineinlangen, ohne daß die Farben vermischt werden. Die darf man nur im Deckel des Malkastens mischen, deshalb sind dort größere und kleinere Abteilungen eingepreßt. Der Stuber hält auch da schön Ordnung. Grün ist immer ganz links und Rot ganz rechts. Mit dem Gelb müsse man ohnehin aufpassen. Das komme selten gut heraus mit Wasserfarbe. Aber Franz hat auch damit keine Probleme, besonders wenn er die Farben verdünnt. Ganz oben im Himmel fängt er an und gelangt nach und nach auf die Erde hinunter. Wasserfarben solle man immer von oben nach unten malen. Besonders vor dem Himmel müsse man sich in acht nehmen und auch beim Hintergrund. Da gehöre viel Wasser hinein und immer Blau, besonders ganz hinten. Wenn ihm etwas nicht gelingt, muß er mit dem Schwamm nachhelfen und ein bißchen Farbe wegnehmen. Einmal mußte er sogar weiße Farbe aus der Tube drücken und damit nachhelfen, obschon er sagt, weiß dürfe man beim Aquarellieren nicht verwenden. Das Blatt ist ihm dann gründlich mißlungen; und am zweiten Sonntag, an dem er daran arbeitete, hat er es zerrissen.

Hannes freut sich darauf, daß Franz im Winter nach einer Postkarte ein großes Bild mit Ölfarbe malen will. Ein Bild mit einem Schwan hängt bereits in Stubers Wohnstube – das Wasser spiegelt, man könnte meinen, es sei richtiges Wasser. Das sei noch gar nichts, sagt Franz, er habe einmal ein Bild gesehen von einem französischen Maler, Gurbe oder so ähnlich, der habe eine Spiegelung gemalt, daß man nur staunen könne, aber das sei eben kein Amateur gewesen. Und weil er, Franz, am Sonntag auch noch hornußen müße, sei für ihn Malen im Sommer schwierig. Und im Winter müße er bei Lampenlicht malen, das sei auch nicht gerade ideal. Aber dieser Gurbe, der habe zu malen verstanden, auch mit dem Spachtel.
Für Hannes steht fest, daß auch er einmal malen wird. Vielleicht sogar mit einer Staffelei, wie der Maler eine hat, der hin und wieder mit dem Velo von Buchsee her kommt und bei den großen Linden das Aaretal malt. Der Stuber Franz kann es genau so gut oder noch besser, obwohl er ein Amateur ist. Ganz sicher ist Hannes noch nicht, ob er Maler oder vielleicht doch Bauer werden will.

26

Im Herbst stirbt der Großvater. Er hat Krebs gehabt und konnte zuletzt nicht mehr in seiner Bäckerei wohnen. Er mußte in die neue Bäckerei umziehen, dort werden jetzt auch Teigwaren gemacht. Großvaters verrückte Schwester mußte auch umziehen. Sie schloß sich in ihrem neuen Zimmer gleich ein und wollte nicht mehr aufstehen. Da mußte der kranke Großvater ihr durch die abgeschlossene Türe befehlen, aufzustehen. Sie rief zurück: Nein, ich stehe nicht auf, ich sterbe ohnehin gleich.

Doch der Großvater stirbt vor seiner Schwester. Erst bei seiner Beerdigung sieht man, wie viele Leute ihn gekannt haben. Weil er an drei Orten Sonntagsschule gegeben hat und auch predigte – viele Menschen, die nicht mehr weiter wußten, sind zu ihm gekommen. Weil er fromm war und vielleicht auch, weil er als junger Bäcker bis nach Petersburg gelangte. Oder weil er den Gletscherpfarrer von Grindelwald kannte; von dem ist das ‹Grindelwaldnerlied›, das Hannes so gut gefällt. Auch das Lied ‹vom Apfel wundermild› singt er gern.

Der Weg zum Friedhof von Buchsee, wo die Leute von Gruben hinkommen, wenn sie tot sind, ist vier Kilometer lang. Als der Trauerzug im bewaldeten Wegstück anlangt, wo es angenehm kühl ist, löst sich bei Hannes die Beklemmung, die ihn befallen hatte, als die schwarzgekleideten Menschen eingetroffen waren. Er marschiert neben einem seiner vielen Onkel, den er kaum kennt. Etliche dieser Onkel haben eine Tante zur Frau, einer mit großer Nase bloß die Schwester von einer Tante, und die ist auch keine richtige Tante, sondern die Frau vom Onkel, den Hannes am liebsten hat. Der mit der großen Nase heißt Gerhard Meier. Hannes hat einmal gehört, wie der Großvater, der jetzt tot ist, zum Bauern-Großvater sagte, daß der Gerhard wohl nicht so fromm sei wie man meinen sollte.

Hannes geht neben einem Onkel, der als besonders

fromm gilt – vielleicht, weil er vom Oberland kommt, wo die Leute sehr fromm sind, jedenfalls die, die zur Brüdergemeinde gehören. Die andern Leute kämen alle in die Hölle, vor allem die Zimmermädchen in den Hotels. Ja, die würden alle zur Hölle fahren, wenn es soweit sei. Hannes wüßte gern genauer, was die Zimmermädchen trieben. Aber der Onkel geht nicht darauf ein. Hannes versucht, ihn von dieser Hölle abzulenken. Aus vollem Hals singt er das Lied vom ‹Wirte wundermild, bei dem er jüngst zu Gaste›, aber er wird von einigen Tanten zu gemäßigtem Liedvortrag angehalten. Auch die Erwachsenen haben nach dem langen Trauermarsch in gestärkten weißen Hemden und schwarzen Kleidern das Bedürfnis nach Unterhaltung. Und vielleicht denken einige daran, daß der Großvater früher gerne das Lied ‹Laßt die Kindlein zu mir kommen› anstimmte.

Am Abend von Großvaters Beerdigung tritt dann die verrückte Tante, Hannes Großtante also, die vor ihrem Bruder sterben wollte, in einen unbefristeten Hungerstreik, den sie mit ihrem eigenen Begräbnis beenden will. Tatsächlich muß Wochen später mit ihrem Ableben gerechnet werden. Es wird darüber beraten, ob man ihr Zimmer gewaltsam aufbrechen soll. Das Schlüsselloch hat sie mit Papier verstopft. Hannes hat den Verdacht, es könnte sich um Schokoladepapier handeln...

Oft hat er die Großtante nachts auf- und abgehen hören. Aber diese Schritte jetzt, die sind anders. Die kommen vom Treppenhaus her. Brandstifter! Die gehen um bei Vollmond. Der scheint so hell, daß man die

jüngeren Brüder in ihren Betten sehen kann. Steif wie ein Stock liegt Hannes unter der Decke. Vielleicht brennt schon das Dach! Ob man wegen dem Rauch im Treppenhaus noch etwas sehen kann? Endlich wagt er es. Drückt lautlos die Klinke nieder, bloß einen Spalt weit öffnet er die Tür. Ihm stockt der Atem. Ein Licht kommt die Treppe herauf. Eine Lampe, von einer Knochenhand gehalten. Weißes Hemd. Gespenster gehen in weißen Hemden um. Aber daß sie darüber gestrickte, schwarze Jacken tragen, hat Hannes nicht gewußt. Aus der Jacke fällt eine Semmel zu Boden. Das Gespenst bückt sich danach und verschwindet in Großtantes Zimmer. Stand die Tür offen? Gespenster können durch Wände hindurchgehen.
Der Hungerstreik der Großtante dauert weitere zwei Wochen. Der Arzt, der sie untersucht, ist erstaunt über ihren guten Gesundheitszustand.

27

Hannes kann sich nicht erinnern, daß jemals kein Krieg war. Schon immer war Krieg, und mehrere Onkel sind im Militärdienst. Manchmal kommen sie heim in der Uniform und mit dem Gewehr und haben Urlaub – besonders die Bauern während der Ernte, oder wenn die Kartoffeln in den Boden müssen. Manchmal kommt der Onkel, der Bäcker ist und zusammen mit dem Vater eine Fabrik hat, herunter vom Gotthard, wo er die Schweiz bewacht. Der Onkel schimpft über die Nazis und den Bundesrat, daß die alle keine Ahnung hätten, daß alles ein sinnloses

Theater sei, wenn man daheim zu tun hätte. Der Vater ist nicht im Militär, weil er einst schwer krank war. Der Doktor hat damals zu ihm gesagt: Paul, du machst es noch eine Woche oder zwei. Glücklicherweise hat Vater das nicht geglaubt.

Der Vater und der Onkel gehen also jeweils am Mittag zu Reinmann, der hat ein Radio. Vor dem Radio sitzen bereits der alte Nydegger und der Stuber, auch er auf Urlaub wegen der Anbauschlacht. Er ist im Dorf der einzige, der Mähmaschinen flicken kann, und er flucht darüber, daß die Bauern nichts von Mechanik verstehen und die Maschinen nicht ölten, so daß es zu Achsenbrüchen und ähnlichen Unglücksfällen kommt.

Dem Onkel kann die ganze Anbauschlacht gestohlen werden: Die sollen auf der Blümlisalp Weizen säen, überall im Land sind die Blumentöpfe ja schon von Kartoffeln besetzt.

Während den Nachrichten drehen alle das bessere Ohr dem Radio zu. Wenn der Hitler brüllt und sich seine Stimme überschlägt, bekommt Hannes Hühnerhaut. Daß der Hitler überall hinkommen und für Ordnung sorgen wolle, macht Angst. Seinen Generälen hat er befohlen, überall einzumarschieren, wo die Leute die Arme nicht zum Hitlergruß heben – nächstens auch in die Schweiz, behauptet Franz. Aber dann werde er, Stuber, sich aufhängen an einem Balken. Er werde nicht mehr dabei sein, wenn dieser Sauhund hierherkomme. Der Brügger meint, das sei nicht nötig, unser Militär stehe an der Grenze. Aber der Onkel lacht ihn aus. Jedenfalls hat der Hitler wieder seine Flugzeuge nach England geschickt, letzte

Nacht. Halb London brenne. Und nächste Nacht werde es noch schlimmer, die Nazis wissen jetzt genau, wo London ist. Da nützt die ganze Verdunkelung nichts mehr. Über die Engländer könne man trotzdem nur staunen. Wie die vor dem Krieg in Interlaken herumspaziert seien mit ihren Knickerbockerhosen und den Spazierstöcken. Man hätte ihnen nicht zugetraut, daß sie sich derart wehren könnten. Die hätten eben den Churchill, der sei schon im ersten Weltkrieg dabei gewesen, und zwar ganz vorne, dort wo es tätscht und kracht.

Der Haldimannbauer hat auch Urlaub. Aber seine Frau wäre froh, wenn er wieder weg wäre. Das sei kein Leben mehr zu Hause. Immer nur Herumfluchen und am Abend in der Beiz sitzen, bis er blau sei. Aber dann daheim nochmals dran. Ein Schwein sei er geworden in diesem Krieg. Genau wie die Nazis, die an allem schuld seien und mit Marschmusik Paraden abhielten und dann vermutlich genau so besoffen seien und genau so geil wie ihr Alter.

Der Heiribeck wäre gerne Soldat geworden. Aber ihm hat sein Zwillingsbruder mit der Schrotflinte das linke Auge kaputtgeschossen, als sie mit fünfzehn Jahren Krach hatten. Wenn er Linkshänder wäre, ginge es, aber als Rechtshänder kann man nur zur Pistole greifen, sagt er. Eine Pistole hat Heiri immer bei sich. Am Abend legt er sie unter das Kopfkissen wegen den Brandstiftern, und wenn er mit dem Fahrrad Brot austrägt, fährt er freihändig, und zwischendurch knallt er auf eine leere Blechdose, die er am Geländer der Aarebrücke angebunden hat. Heiri ist wegen der Pi-

stole schon im Gefängnis gewesen. Drei Tage lang haben sie ihn behalten, weil er während einem Wildwestfilm in die Leinwand geschossen hat.
Der Sigismund Olescack macht Hannes einen noch größeren Eindruck. Wenn der manchmal über Hitler eine Bemerkung macht, weiß er, wovon er redet. Er war als Offizier im Krieg. Jetzt ist er Internierter, denn die Polen haben gegen die Deutschen verloren. Sigismund betreut den Lastwagen in der Fabrik. Am Sonntag zieht er die Uniform an, sie sieht ganz anders aus als die Uniform vom Onkel, er war eben im Militär ein Höherer. Sigismund geht dann nach Batzenberg, wo es noch andere Polen gibt. Und wenn er abends auf der Terrasse sitzt, weint er manchmal.

28

Das Hochwasser hat seine Unratmäander in den Wiesen weiterum liegen lassen. Hannes und der Knecht unterhalten seit Tagen ein Feuer. Wenn sie morgens kommen, müssen sie nur in der Glut stochern und ein paar Äste darauflegen, damit die Flammen wieder züngeln. Mit einer Karrette führt Hannes den Unrat her. Der Knecht zersägt das brauchbare Holz.
Zwischen Kartoffelsäcken und zusammengedrückten Harassen hat sich ein totes Kaninchen verfangen. Die Nagezähne sind bloßgelegt. Vom Fell lösen sich Haarbüschel. Es stinkt. Der Bauch ist aufgedunsen. Hannes nimmt einen Stock und drückt darauf. Es zischt. In den Augen krabbeln Maden. Hannes nimmt das Kaninchen auf die Schaufel und geht, die Nase wegge-

wandt, zum Feuer. Er legt es auf die Glut. Die Maden krabbeln aufgeregt umher, fallen ins Feuer. Der Bauch bläht sich stärker, die Beine strecken sich weg. Ohren und Fellreste brennen. Der Bauch platzt.
Gegen Abend, der Knecht ist schon weggegangen, stochert Hannes in der Glut und legt die Knochen frei. Das ist alles, was übrig bleibt. Er legt Schaufel und Rechen auf die Karrette.

29

Die tiefstehende Novembersonne verwandelt die Nebelbänke in Rauchschwaden. Widerschein von Flammen scheint darauf zu flackern. Daraus aufsteigend, sich immer schärfer abzeichnend, der Hügel mit dem Wald auf der linken Seite. Zwei rot umrandete Silhouetten bewegen sich dem glühenden Wald entgegen.
Am Samstag muß Hannes jeweils die Züpfe zu der alten Frau hinter dem Wald bringen. Meistens sucht er jemanden, der ihn begleitet, besonders im Herbst, wenn die Dämmerung früh einfällt. Dieser Wald ist unheimlich. Zuerst ist es ein ganz gewöhnlicher Wald. Wenn man weiter hineingeht, wird der Boden sumpfig. Ölige Tümpel schimmern zwischen Schachtelhalm. Im Spätherbst sei dort der Willading unterwegs. Dieser verfluchte Landvogt, der auf dem Schloß Aarwangen gelebt habe und der schlimmste Bauernschinder gewesen sei. Hannes fragt sich, ob der die Bauern wie Äpfel mit dem Rüstmesser geschunden habe oder mit dem Messer, wie man gekochte Kartoffeln schält. Jedenfalls war der Willading ein ausgemachter Bau-

ernschinder und muß darum heute noch umgehn. In Vollmondnächten um Mitternacht reite er auf einem Schimmel dem Willadinggraben entlang, ein glühendes Schwert in der Hand und das Visier des Helms geschlossen. Seit ihn seinerzeit zwei junge Bauern am Graben, den sie im kältesten Winter ausheben mußten, erschlagen hätten, gehe er nie mehr unbewaffnet aus. Wer ihm begegne, erlebe den nächsten Vollmond nicht. Am schlimmsten sei es aber, ihm in einer linden Frühlingsnacht zu begegnen. Das sei einem Knecht vom Ried vor Jahren passiert: Man habe ihn am Morgen in den Sumpfgräben herumtappend gefunden, ganz und gar mit Moorerde bekleckert. Man habe ihn herausgezogen und in den Brunnen gesetzt. Doch sein Gesicht sei schwarz geblieben, und die Augen, weiß vom Star, hätten bewegungslos ins Leere gestarrt. Jahrelang sei kein Wort mehr über seine Lippen gekommen. Erst im hohen Alter habe er seinem Zimmernachbarn im Pflegeheim lallend erklärt: Das Visier stand offen! Er hatte das Visier nicht geschlossen!
Kindern begegne der Willading nicht hoch zu Roß, ihnen laure er in der Dämmerung auf. Die Rüstung trage er auch nicht, damit ihn niemand erkenne. Er versuche mit den Kindern ins Gespräch zu kommen. Manchmal bitte er sie, ihn zu stützen, weil er einen Mißtritt gemacht habe und mit verstauchtem Fuß nicht bis ins Dorf gehen könne. Manchmal biete er ihnen Süßigkeiten an, Bärendreck oder Nideltäfeli. Aber immer ende es damit, daß er ein Kind am Handgelenk packe und es ins Dickicht zerre. Die meisten von ihnen blieben verschwunden. Manchmal finde

man noch ein Paar Hosen oder ein Röcklein. Meistens sei die Suche erfolglos. Wenn sich einmal ein Kind losreißen könne aus der eiskalten Hand, bekomme es blaue Flecken am ganzen Körper und sei übers Jahr tot.
Darum sei es besser, wenn Kinder nicht allein durch den Wald gingen. Zu zweit könnten sie sich gegenseitig warnen und im schlimmsten Fall einander zu Hilfe kommen. Jedenfalls habe vor langer Zeit einmal ein Mädchen seinen Bruder gerettet, indem es rasch nach zwei Ästen gegriffen, diese übers Kreuz haltend, gerufen habe «Im Namen des Vaters, des Sohnes und des Heiligen Geistes, laß los!» Schon bei «des Sohnes» sei der Willading verschwunden, habe den heiligen Geist nicht mehr abgewartet. Der kleine Bruder sei fünf Monate lang von Sinnen gewesen, habe geschrien und Unverständliches geredet. Aber am Ostermorgen des nächsten Jahres sei er aufgestanden, als sei nichts gewesen. Sein Leben lang habe er sich nicht an diese Begebenheit erinnern können.
Darum geht Hannes, wenn es sich machen läßt, nie allein mit der Züpfe zu der alten Frau hinter dem Wald. Und weil diese Frau meistens ein Trinkgeld gibt, einen Zehner oder gar zwei, findet er fast immer einen Begleiter. Seit die Cousine bei ihnen wohnt, die französisch sprechen kann und behauptet, den Willading, der doch schon zweihundert Jahre mausetot sei, fürchte sie nicht, gehen sie zusammen und teilen das Trinkgeld. Man müsse der Alten ein wenig schmeicheln, meint Julie, dann rücke die auch noch mit Schokolade heraus – das mag Hannes nicht.

Der Willading sitzt am Wegrand und wartet auf Kinder – darüber kann ich nur lachen, sagt Julie. Das ist ein ganz gewöhnlicher Lüstling, der es mit Kindern zu treiben versucht, weil er es mit Frauen nicht mehr kann! Erstaunlich, wie die Cousine einfach weiß, was los ist. Die ist in der Welt herumgekommen.
Laut redend verschwinden die beiden in den Wald hinein, während hinter ihnen die Rauchschwaden wieder zu Nebelbänken werden. Der Hügel zeichnet sich im verlöschenden Licht immer noch dunkel vor dem gelben Himmel ab, jetzt ist er blaubraun. Hannes und die Cousine gehen fröstelnd zwischen den Bäumen.
Plötzlich Motorengebrumm. Es nähert sich. Sie bleiben stehn.
Ein Flugzeug, schreit Julie und wirft sich in den Weggraben. Bist du verrückt, Hannes, leg dich sofort auf den Boden! Wenn die dich sehen, bist du verloren. Dann rattert das Maschinengewehr und dann fallen die Bomben und wir sind tot. Und du bist schuld daran. Sie läuft zu ihm hin, reißt ihn zu Boden. Ja, die Cousine ist im Krieg gewesen. Und die Bomben müssen wahnsinnig gefährlich sein, das hat der Melker, der von Deutschland zurückgekommen ist, als der Krieg anfing, auch gesagt. Das sei nicht nur so ein Erst-August-Kracher, und die sollte man sowieso verbieten, weil alles Pulver gebraucht wird, wenn es auch bei uns Krieg gibt.
Trotz der Gefahr hebt Hannes vorsichtig den Kopf. Zwischen den Bäumen ein riesiges schwarzes Flugzeug, eine dicke Rauchfahne hinterher. Die Cousine

steht auf, klopft die dürren Blätter von den Kleidern.
Den hat es erwischt, sagt sie, der stürzt ab.
Die alte Frau gibt an diesem Abend zwanzig Rappen Trinkgeld. In den Nachrichten wird gemeldet, bei Gerlafingen sei eine fliegende Festung abgestürzt. Die Besatzung habe sich mit den Fallschirmen gerettet.

30

Endlich hat Hannes von seinem Götti, der in Bern Seminarlehrer ist, eine Fischerrute mit einer Weitwurfrolle bekommen. Jetzt kann er richtig fischen auf die Großen. Leider führt die Aare gerade Hochwasser. Er geht trotzdem hin. Das Wasser der Oenz ist schon wieder klar. Ihr grünes Wasser vermischt sich erst nach hundertfünfzig Metern mit dem braunen Wasser der Aare. Hannes wirft den Blinker weit ins Trübe hinaus. Er fühlt die Strömung am Köder zerren. Immer weiter flußabwärts läuft die Schnur. Er spürt die Bewegung des näherkommenden Blinkers. Schon blitzt er im tiefen Wasser. Hannes stockt der Atem. Er vergißt, weiterzudrehen. Eine riesige Forelle schießt hinter dem Köder her. Schnappt zu, verfehlt, dreht ab. Ist schon wieder im Trüben verschwunden. Hannes zittert vor Aufregung. Die Forelle hat ihn angeschaut. Ihr böser Blick hat ihn fixiert. Im Abdrehen öffnete sie nochmals den Rachen.
Immer und immer wieder wirft Hannes die Angel aus. Vergeblich. Niemand wird ihm glauben.

31

Hannes paßt es jetzt überhaupt nicht, ins Emmental zu fahren. Er hat es aber, als der Bauer-Großvater starb, der Tante versprochen. Der Onkel war auch dabei gewesen. Er ist viel kleiner und dünner als seine Frau. Hannes mußte immer wieder hinschauen auf die Mächtigkeit dieser Tante, die alle andern Tanten bei weitem übertraf. Sie hatte gemerkt, daß Hannes sie gut leiden mochte und ihn deshalb eingeladen, die Ferien bei ihnen zu verbringen.
Dieses Emmental kommt ihm steil vor. Aber das Erdeführen, mit dem die Leute beschäftigt sind, als Hannes ankommt, macht ihm Spaß. All die neuen Maschinen sind noch nicht erfunden. Deshalb ist noch der alte ‹Anfuhribock› im Gebrauch, vermutlich seit Jahrhunderten, aber das kümmert Hannes nicht. Wie man ihn zuoberst auf dem Hügel aufstellt auf seinen zwei Beinen, das interessiert ihn. Wie ein verwundetes Tier, dem die Hinterbeine eingeknickt sind, steht er da, bereit zur Verteidigung – so wie damals, als der Wildhüter den Hund angeschossen hatte. Der fletschte die Zähne gegen den Wildhüter und gegen Hannes; er hatte dem Wildhüter gezeigt, wo das Reh gerissen worden war. Als der zweite Schuß krachte, sackte der Hund zusammen, ein Blutfaden lief aus seinem Maul.
Dem Anfuhribock wird ein Seil um den Hals gebunden, an dem Seil wird die Rolle befestigt, dann wird das Zugseil über die Rolle gezogen, und es kann losgehen. Weil er mit Pferden umgehen kann, darf Hannes die Pferde führen, den steilen Hügel hinab, und er

muß darauf achten, daß das Seil immer straff gespannt ist. Am andern Ende des Zugseils ist die Bänne angebunden, der Knecht hält die Holmen, damit sie nicht kippt. Hannes und die Pferde marschieren also abwärts und ziehen dadurch die Bänne voll Erde bergauf. Es dauert oft Tage, bis unten am Feld eine Furche ausgehoben und zuoberst ein Erdwall entstanden ist. So viel Erde kratze man Jahr für Jahr beim Pflügen, Eggen, Säen und Kartoffelernten herunter. Deshalb müße diese Erde wieder hinaufgebracht werden. So sei das im Emmental, belehrt ihn der Onkel. Darum sind die Leute müde am Sonntag. Die Tante meint, das komme eher vom Samstagabend. Am Sonntagmorgen ist der Knecht beim Melken vom Stuhl gefallen. Die Milch vermischte sich im Schorrgraben mit dem Kuhmist. Der Knecht wischte mit dem Besen alles zu einer braunen Sauce. Dann hob die Kuh den Schwanz, und der dampfende Wasserstrahl löschte alle Spuren des Unfalls.

Nach dem Mittagessen dösen die Erwachsenen auf der Ofenbank oder nicken über der ‹Brattig› ein. Zeit für die Kinder, sich davonzuschleichen. Sie laufen zum Wald. Von weitem sehen sie andere Kinder dasselbe Ziel ansteuern. Auf der Waldlichtung, wo mitten auf der Wiese der verlotterte Schuppen am morschen Apfelbaum lehnt, treffen sie sich. Sie möchten spielen, Verstecken oder Schnitzeljagd. Sie können sich aber nicht einigen und sitzen auf dem vermoosten Brunnen oder an die morsche Bretterwand gelehnt. Sie spähen in den dunklen Waldschatten, ob noch weitere Kameraden kommen. Über dem Wald steigen Wolkentürme auf mit bösen, gelben Rändern. Über der Wiese flimmert die Hitze.

Hannes döst unter dem Apfelbaum. Durch die Blätter fällt ein Lichtstrahl auf sein Gesicht. Er blinzelt in die Sonne. Ist sie gelb oder weiß? Auf einmal ist sie violett. Ringe tanzen vor seinen Augen. Er erhebt sich, erstaunt, daß die andern noch da sind. Eine Amsel zetert am Waldrand. Hannes geht zum Brunnen, zieht das Hemd aus, taucht den Kopf unter Wasser. Er kann den Atem lange anhalten. In Gruben übt man das beim Baden. Aber im Emmental baden sie nicht. Hannes wird aus dem Wasser gerissen.

– Bist du verrückt? Willst du ersaufen, he? Selbstmörder kommen in die Hölle! Alle sind aufgesprungen, umringen ihn. Ein Blitz zuckt über dem Wald. Hannes zählt. Bei fünfzehn rollt ferner Donner vom Hohgant her. Plötzlich lacht er, laut, meckernd. Lacht sie aus, diese Landratten. Hält wieder den Atem an. Springt in den Brunnen. Taucht unter. Niemand reißt ihn hoch. Langsam Luft ausstoßen. Sausen in den Ohren. Noch drei Sekunden. Prustend taucht er auf. Wasser läuft über die Augen. Unscharf das Bild. Die andern ziehen sich aus, werfen die Kleider weg. Springen zu ihm in den Brunnen. Wasser schwappt über. Spritzen, Kreischen. Tanzen um den Apfelbaum. Sie packen einander, reißen sich zu Boden, laufen einander nach. Hannes kann den Blick nicht von den spitzen Brüsten der großen Mädchen wegnehmen.

Was hast du? schreit eines der Mädchen. Deckt mit den Armen die Brüste zu. Für das schwarze Dreieck hat sie keine Hand frei.

– Du, du Sauhund, bist an allem schuld. Zieht euch sofort an! Und daß zu Hause niemand etwas erzählt!
Die Mädchen verschwinden hinter der Scheune. Wortlos sammeln die Jungen ihre Kleider ein. Bange Minuten für Hannes. Er traut den Emmentalern nicht. Aber dann zwinkert ihm ein Rotblonder zu, mit ihm abzuhauen.

32

Ins Brot kommen jetzt Kartoffeln, nicht nur Mehl, wie vor dem Krieg. Diese Kartoffeln sollen gekocht und dann geschält werden, große Körbe voll. Sogar die verrückte Großtante hat eingesehen, daß alle helfen müssen, damit sich der Professor Wahlen, der das erfunden hat, nicht blamiert. Kartoffelschälen ist eine langweilige Sache. Hannes hilft lieber bei anderen Arbeiten. Zum Beispiel Brot austragen. Am liebsten am Samstag nachmittag, da fährt der Vater mit dem Auto nach Wallwil, und Hannes darf jeweils auf dem Trittbrett stehen. Aber dem Polizisten dürfen sie so nicht begegnen. Hannes hat sich einen Plan zurechtgelegt, für den Fall, daß der unverhofft auftauchen sollte. Dort, an der Hecke entlang der Straße würde er einfach abspringen, wie von der Eisenbahn die Kondukteure, die springen vom Trittbrett, wenn der Zug noch fährt, vermutlich um zu zeigen, wie gut sie das können. Hannes müßte zusätzlich noch einen Hechtsprung in die Büsche machen. Ob der Vater dichthalten würde, bei einem richtigen Verhör?
In Wallwil hält der Vater zuerst unten am Rain an, und Hannes weiß genau, mit welchen Broten er wohin zu

laufen hat, auch wieviel die Brote kosten. Dann fahren sie den Rain hinauf. Dort muß er zu der dicken Frau. Das tut er nicht gern. Einmal ist die Frau beim Geldzählen auf den Rücken gefallen. Den Kopf hat sie auf dem Boden aufgeschlagen, sicher ein Schädelbruch. Sie bekam Schaum vor dem Mund wie die Rosse, wenn sie hart ziehen müssen. Und gezuckt hat sie! Als er von den Augen nur noch das Weiße sah, rief Hannes den Vater. Aber der redete und redete mit einem, der Urlaub hatte, seit ihm auf dem Gotthard beim Bunkerbau ein Brett auf den Kopf gefallen war. Im Gotthard bauen sie Bunker, obwohl es genug Steine hat, hinter denen man sich verstecken kann, selbst vor den Naziflugzeugen, falls die einmal kommen sollten.
Endlich begriff der Vater. Aber als sie beim Haus anlangten, war die Türe zu und keine Frau mehr da. Der Vater klopfte und öffnete die Tür. Aus der Stube kam Stöhnen. Die Frau saß auf einem Stuhl, hielt sich mit beiden Händen den Kopf und konnte nicht sprechen. Ob er den Doktor holen solle? Die Frau schüttelte den Kopf.
Auf dem Heimweg erklärte der Vater, die Frau habe eine schwere Krankheit, Epilepsie. Solche Leute wären normal und gesund, und plötzlich verlören sie das Bewußtsein. Vermutlich liege es am Gehirn. Mehr wisse er auch nicht. Vielleicht kämen in Bern oder Zürich die Professoren dahinter, offenbar gehe das nicht so rasch. In manchen Familien vererbe sich die Krankheit. In der Bibel könne man auch darüber lesen.
Das mit dem Gehirn kann sich Hannes nicht recht vorstellen. Beim Metzgen hat er ein Hirn schon genau

angesehen, obschon es ihn ein wenig grauste. Es sah aus wie Würste, die übereinandergeschichtet in einem Zuber liegen, nur weißer. Daß in diesem Zeug Gedanken entstehen, gibt ihm zu denken. Die Arme und Beine könne man auch nicht bewegen ohne Gehirn, hat Vater gesagt.
Hat Gott auch ein Hirn? fragt sich Hannes abends im Bett. Sind vielleicht die Wolken Gottes Hirn? Die Wolken sehen manchmal auch aus wie Würste, und Gott wohnt ja im Himmel, obschon Hannes denkt, der müßte eigentlich herunterfallen.
Gott sei Geist, sagt der Großvater, und Hannes solle nicht anfangen, solche Dinge zu denken, das führe in den Unglauben, und schließlich werde er ein Freigeist oder Kommunist. Trotzdem wollte Hannes das mit dem Gehirn nicht aus dem Kopf. Wenn nämlich darin alle Gedanken entstehen, müßte man sich fragen, ob die Gesetze von Moses in seinem Hirn erfunden worden seien. Aber Gott hat ja alles gemacht, das Hirn auch, beruhigt er sich, Blumen und Kühe und die ganze Welt dazu, also muß es ihn geben, auch wenn er vielleicht nicht so aussieht wie Gott in der Kinderbibel, der dem Bauer-Großvater gleicht, der auch fromm ist.
Manchmal könnte man verrückt werden, von dem, was es alles gibt.
Und wie ist das mit dem Radio? Warum hört man jemanden aus diesem Radio heraus reden? Das Telefon ist etwas einfacher, da sind schließlich Drähte vorhanden. Im Winter, wenn es kalt ist, hört man sie oft summen. Ein wenig unheimlich ist das schon, fast so un-

heimlich, wie im dunklen Laderaum des Autos eingeschlossen zu sein und zu spüren, das Auto fährt. Das macht Hannes immer wieder: Wenn die Brote ausgetragen sind und es Platz gegeben hat zwischen den Körben, kriecht er hinein und bittet den Vater, die Türe ganz zu schließen. Er weiß zwar, daß bald wieder angehalten und die Tür geöffnet wird. Aber dann steigt die Angst doch auf. Was, wenn der Vater überfallen, von den Nazis weggeholt würde wie die Juden? Die Cousine hat in Frankreich gesehen, wie die Menschen in Viehwagen gepfercht wurden. Würde er dann im Auto vergessen? Ob es ihm gelänge, die Tür aufzusprengen? Er versucht, sie mit dem Fuß einen Spalt weit zu öffnen. Es gelingt nicht. Das Auto steht immer noch still; es müßte doch längst fahren. Sind die Nazis schon da? Soll er schreien? Wenn der Laderaum immer kleiner würde. Wenn die Decke herabsänke, sich die Wände zusammendrängten. Würde er zu Brei gedrückt wie die Kartoffeln, die man in den Brotteig mischen muß? Jedenfalls brennt das Auto nicht wie die Panzer im Krieg. Im Heftli konnte man sehen, wie es ist, wenn Panzer brennen. Er sah einen Soldaten, der verbrannt war. Die Mutter hat das Heftli gleich versteckt: nichts für Kinder! Jedenfalls sind die Erwachsenen schuld an diesem Krieg, den haben bestimmt nicht die Kinder gemacht. Die verdreschen einander bloß mit Fäusten oder Knüppeln, wenn sie aufeinander böse sind. Die Panzer haben die Erwachsenen erfunden, und die Flugzeuge und Bomben auch. Endlich fährt das Auto. Hannes spürt die Linkskurve und dann die Rechtskurve und das Geholper über den

Abflußkanal unmittelbar vor dem Platz, wo der Vater anhalten wird. Noch bis fünf zählen, dann ist es so weit.

33

Das mit dem Fliegen, wie das wohl wäre, wenn man einfach die Arme ausbreiten könnte – und abstoßen, hinaus über den Abhang? Wenn man dann zu kreisen anfinge wie der Mäusebussard, der nur ein wenig den Schwanz schiefstellt, und schon gibt es eine Kurve. Wenn die Kurve zu eng wird, dreht er einfach den Schwanz ein wenig zurück. Das ist das Problem bei den Modellseglern. Da muß man das Seitensteuer vor dem Start einstellen: Geradeaus oder im Kreis herum. Die müßten gerade hinausfliegen bis über die Aare und dann bei der Vogelraupfi-Insel erst abdrehen und wahrscheinlich zuerst Wallwil anfliegen, immer über der Aare. Man müßte sich Flügel anschnallen und selber fliegen, wie Hannes es auf einem Bild beim Nydegger gesehen hat. Der mit den angeschnallten Flügeln sei dann doch abgestürzt, weil er zu nahe an die Sonne herangeflogen sei, behauptet Nydegger. Ob es sich wirklich so zugetragen hat? Vielleicht war es ein ganz gewöhnlicher Konstruktionsfehler, den sie mit der Sonnenhitze vertuschen wollten.

Nydegger, der Schreinermeister, baut am Abend Segelflieger. Dafür hat er sich neben der Werkstatt ein Zimmer eingerichtet. Es riecht nach Lack. Mit Lack bestreicht er die Seide, oder bei den kleineren, weniger kostbaren Seglern das Papier, mit dem sie überzogen sind.

Segelflieger aller Größen hängen von der Decke. Manchmal hilft Hannes dem Nydegger am Sonntagmorgen, die großen Segler aufzuziehen. Zuerst holen sie das umgebaute Fahrrad aus dem Schopf. Es ist auf ein Brett montiert, hat nur noch das Hinterrad, und das steht nach oben. Anstelle von Pneu und Gummischlauch ist auf die Felge starker Bindfaden aufgewickelt, zweihundert Meter, die wickeln sie zuerst ab. Nydegger hebt mit der einen Hand den Segler über den Kopf, faßt mit der andern Hand das Schnurende und geht dem Weg entlang dem Batzenbergwald zu. Hannes überwacht das Abspulen der Schnur. Nur ja keine Schlaufe, sonst läuft sie nicht mehr durch den Führungsring. Nur noch vier oder fünf Umgänge.
Halt! ruft Hannes. Nydegger hängt die Schlaufe unter dem Rumpf ein. Er hebt den Segler schräg, damit der Wind richtig unter die Flügel greift. Man muß die Flieger immer gegen den Wind starten. Nydegger winkt, Hannes beginnt das Rad zu drehen. Erst langsam, weil Nydegger noch mitlaufen und den Segler halten muß. Wenn er ihn losläßt, wenn er zu steigen beginnt, muß Hannes schneller drehen. Die Schnur steigt mit dem Segler in die Höhe, und wenn alles gut geht, klinkt sie senkrecht über Hannes aus. Manchmal verheddert sie sich beim Herabfallen im Birnbaum. Hannes läuft zum Abhang. Nydegger stellt jeweilen das Seitenruder nur ganz wenig schräg, und so weiß man nie, ob der Segler zu kreisen beginnt oder gradaus segelt. Einer ist bis nach Niederbipp geflogen. Aber meistens kommen sie vorher herunter. Oft auf der anderen Seite der Aare.

Dann muß Nydegger mit dem Fahrrad los. Einmal ist ein Flieger gradaus geflogen, hat ein paarmal gewippt, wie das die Bachstelzen tun, hat plötzlich den Schwanz gehoben und ist senkrecht abgestürzt. Hat sich zwei- oder dreimal um die eigene Achse gedreht. Schluß! Die Flügel abgebrochen, der Schwanz geknickt! Der Nydegger war so wütend, daß er den Segler gleich zerschlagen hat. Bloß die Schnauze hat er behalten, weil darin das Blei ist für das Gleichgewicht. Es muß immer erst ausprobiert werden, wieviel Blei hineingehört. Dabei startet man die Flieger von Hand, immer leicht abwärts. Wenn er eine Wellenlinie fliegt, aufsteigt, absinkt, wieder aufsteigt, wie die Spechte, die auf keiner geraden Linie fliegen, ist das schön zum Anschauen, aber noch nicht ganz in Ordnung. Meist fehlen noch zwei oder drei Bleikügelchen. Erst wenn der Segler lange übers Gras hingleitet, ganz ruhig, als wolle es nicht enden, ist er in Ordnung. Dann kann man den ersten Versuch mit der Schnur wagen.
Nydegger und Hannes stehen am Abhang. Wenn der Segler zu schnell absinkt, spürt Hannes, wie sich sein Magen hebt, so als wäre er selber in der Luft. Beim Heustampfen in der Heubühne hat Hannes ausprobiert, wie es dem Ikarus ergangen ist, als ihm die Flügel verbrannten.
Wenn das frische Heu eingebracht wird, klettern die Kinder auf den Binderbalken in der Heubühne und springen hinab. Immer wieder klettern sie hinauf und springen hinunter. Angst hat Hannes schon, wenn er oben steht. Aber den Augenblick, wenn er keinen Boden mehr spürt unter den Füßen und sich der Magen

hebt, den möchte er immer und immer wieder erleben. Zu wissen, daß man im weichen Heu landet, gibt den Mut zum Springen. Durch Ziegellöcher fallen Lichtbahnen. Wie schmutziggelbe Seile stehen sie schräg in der stauberfüllten Luft. Wo sie aufs Heu auftreffen, funkeln goldene Flecken. Die Kinder springen gerne über Strahlen. Die Kleineren glauben, man könne sich daran festhalten oder auf ihnen hinunterrutschen. Hannes weiß es besser. Durch einen Sonnenstrahl hindurchzuspringen ist trotzdem schön.
Alle husten. Und Luftmangel haben sie auch. Sie seien deswegen bereits am Verblöden, behauptet der Knecht. Aber der ist selber nicht der Hellste. Immer wieder wollen sie abheben, landen, abheben, landen. Die Mutter ruft, das Nachtessen werde kalt. Einerlei. Sie sind Vögel.
Nachts im Traum gleitet Hannes über Hügel und Wälder hinweg. Er muß nur mit den Armen schlagen, wenn er zu tief hinabgleitet.

34

Um fünf vor zwölf erst sind sie mit dem Lastwagen gekommen und wollten vor dem Essen noch abladen. Der Ruedi hat geflucht, aber der Sigismund und der Carlo tragen einfach Sack um Sack auf dem Rücken hinein. Der Vater fährt mit dem Sackkarren hin und her.
Die Mutter schimpft, die Suppe werde kalt und der Kartoffelstock im Ofen trockne aus. Hannes und seine Brüder essen allein.

Hannes soll an Vaters Stelle zu Reinmanns gehen und die Nachrichten hören. Er soll gut aufpassen und ihm dann berichten.
– Englische Bomber haben..., wo haben sie...? Und auch... wie hieß diese Stadt schon wieder? Und einen Prozeß hat es gegeben, etwas mit dem Hitler. Der hat sicher wieder getobt, Hannes hat das schon einige Male erschreckt. Der schreit nicht so, wie man schreit, wenn man Ball spielt. Da bekommt man Hühnerhaut. Hannes jedenfalls weiß, was er von Hitler zu halten hat; er traut dem alles zu, dem Menschenfresser. Die Cousine lacht ihn aus. Aber die könnte sich auch einmal täuschen. Sie weiß zwar fast alles, besonders von Männern und Frauen. Zum Beispiel, daß die Serviertochter im ‹Rößli› mit den internierten Polen schlafe. Nicht nur mit einem, wie anständige Frauen, sondern jede Nacht mit einem anderen. Und sicher bekomme sie noch Geld dafür, wie die Nutten in Besançon. Vermutlich sei sie so eine. Und: wer weiß, vielleicht habe Frau Binggeli, die manchmal an der Theke aushilft, auch schon mit einem geschlafen. Jedenfalls möchte sie, Julie, nicht die Hand ins Feuer legen, daß das Kind, das sie erwarte, von ihrem Mann ist. Der komme zwar hin und wieder in Urlaub, und sie glaube schon, daß der dann jede Nacht wolle.
Ob Julie nicht nur so tut, als wisse sie mehr, als sie weiß? Es ist nicht sicher, daß sie wirklich weiß, was im Bett mit der Serviertochter und dem Internierten passiert. Er selber kann es sich vorstellen. Er hat oft zugeschaut, wenn beim Bögli der Muni auf eine Kuh gestiegen ist. Auch den Eber und die Sau hat er be-

obachtet. Die haben es viel länger gemacht als der Muni und die Kuh. Und manchmal hat der Eber gegrunzt.

35

Carlos Kollegen arbeiten auf den Bauernhöfen, weil die Bauern oben auf dem Gotthard die Schweiz verteidigen. Doch am Sonntag arbeiten sie nicht. Sie gehen auch nicht in die Kirche. Zu Hause sind sie katholisch, und wir haben keinen Bischof oder Papst. Nach Solothurn könnten sie allerdings gehen, aber das ist zu weit weg. Da könnten sie nicht in der Backstube oder unter dem Apfelbaum sitzen und gebackene Krähen essen. Den Bäuerinnen ist es recht, wenn sie an Sonntagen weg sind. Sie haben auch nichts dagegen, wenn Krähen oder Elstern geschossen werden. Ihre eigenen Gewehre haben die Internierten an der Grenze abgeben müssen. Aber auf jedem Hof hat es ein Flobertgewehr oder eine Jagdflinte. Und weil die Krähen und Elstern enorm schädlich sind, und weil es bisher keinem Italiener in den Sinn gekommen ist, auf die Bäuerin zu schießen, hat man ihnen erlaubt, in der Mittagspause oder am Abend auf Krähen und Elstern zu schießen. Obwohl diese Ausländer nicht so gut treffen wie die Schweizer, die jedes Jahr ans Feldschießen gehen, bringen sie doch am Abend hin und wieder eine Krähe zu Carlo, der sie dann für den Sonntag vorbereitet. Rupfen darf er sie allerdings nicht in der Backstube. Sonst habe es auch noch Federn im Brot, schimpft der Vater. Unlängst war der Heiribeck nämlich so besoffen, daß er die gekochten Kartoffeln einfach in den Teig schüttete, anstatt sie vorher durch den Wolf zu treiben. Auch beim Abwägen merkte er nichts. Der Onkel, der meistens auf dem Gotthard ist, wird jetzt noch fuchsteufelswild, wenn man ihn an die Brote erinnert, die damals von empörten Käuferinnen um acht Uhr früh zurückgebracht wurden. Wie Nagelfluh haben die Schnittstellen ausgesehen, der Kartoffeln wegen, die wie Kiesel im Brot steckten.

Die toten Vögel hängt Carlo kopfunter in den Heizkeller. Hannes geht oft hin, um sich die Krähen anzuschauen, wie sie da an Schnüren baumeln, eine neben der andern. An der Wand die Schatten, größer als die Vögel. Sie hängen an einem Bein, dieses ist ausgestreckt, die Zehen gespreizt. Beim andern Bein krallen sie die Zehen zusammen. Das Gefieder ist nicht einfach schwarz. Es schimmert ins Grünliche, bei Elstern ins Rotblaue. Die Beine haben Schuppen wie Ringelnattern. Er wundert sich nicht, daß Krähen sich vor keinem andern Vogel fürchten. Ihre Schnäbel sind messerscharf, und die Krallen auch. Hannes hat bemerkt, daß es zwei Sorten Krähen gibt. Aber der Onkel, der Bauer, hat ihm gesagt, es gäbe noch viel mehr Arten, doch kämen die bei uns nicht vor. Von den hiesigen zwei Arten gefallen ihm am besten jene, die ganz wild aussehen. Der Schnabelansatz ist von feinen Federchen verdeckt und der Schnabel schwarz.

Köpfe und Hälse werden von Carlo nicht gerupft. Manchmal hängt am Schnabel ein Tropfen geronnenes Blut oder etwas Schleim. Die Augen sind geschlossen. Einmal hing zwischen den Krähen ein Fasan. Das hat ein Donnerwetter abgesetzt. Seither bringen die

Kollegen die Singvögel und Tauben erst sonntags in der Kitteltasche mit. Diese werden zwischen die Krähen auf die Bleche gelegt, damit man sie nicht sehen kann. Es ist auch nicht schwierig, hie und da eine Taube zu verheimlichen. Gerupft und ausgenommen kann man Krähen in der Größe kaum von Tauben unterscheiden. Gebraten sehen sie auch fast gleich aus. Und daß Tauben ein tieferes Brustbein haben, beachtet ohnehin niemand.

Hannes und sein jüngerer Bruder essen jeweils am Sonntagmittag nur wenig, damit sie bei den Italienern noch Appetit haben. Krähen mögen sie lieber als Kartoffelstock. Es ist schön, zwischen den Italienern auf der Bank zu sitzen, wenn sie beginnen, ihre Lieder zu singen. Meistens steht dabei der kleine Dicke auf; er singt so schön, daß die Männer Tränen bekommen. Nach dem dritten oder vierten Lied kann der Dicke vor Rührung auch nicht mehr. Die andern umarmen ihn und reden auf ihn ein, bis er nochmals zu singen beginnt. Dann müssen sie aufbrechen, damit sie rechtzeitig zum Melken auf ihren Bauernhöfen sind.

36

Das Haus im Schattenbach war schon zu Blasers Lebzeiten fast eine Ruine. Seit seinem Tod, als sich die Erben derart zerstritten, daß zwei von ihnen vorübergehend in Arrest gesetzt werden mußten, steht es leer. Eine schleichende Beschlagnahme durch die Nachkommenschaft des Scherenschleifers war vorauszusehen. Die Gemeinde hatte Marti und seine Familie seinerzeit im Nachbarhaus, dem Keltenstock, untergebracht. Noch vor dem Krieg waren sie mittellos in seiner Heimatgemeinde Gruben angekommen, mit knapper Not den Nazis entronnen. Von der Schwäbischen Alb kommend, haben sie bei Waldshut den Rhein überquert. Die gesamten Besitztümer hatten auf dem rot gestrichenen Leiterwagen Platz. Nebst ein paar Matratzen, Blechnäpfen und Pfannen waren das seine Schleifutensilien und ein Koffer voller Fläschchen; Medikamente für alle erdenklichen Krankheiten. Mit ihnen behandelte Marti seine Kundinnen, gewissermaßen als Nebenerwerb. Auf und zwischen dem Hausrat hatte die zahlreiche Familie Platz genommen, wenn sie nicht gerade infolge eines Streits heruntergefallen war oder in einer am Weg gelegenen Hofstatt Kirschen pflückte. Unter dem Wagen lief der auf Trüffeln abgerichtete Hund, und hinter der Vorderachse baumelte ein Weidenkorb, in den ein farbenprächtiger Hahn mit drei Hennen gezwängt war. Der eigentliche Stolz des Scherenschleifers war jedoch ein altes Kavalleriepferd, das angeblich den ersten Weltkrieg in vorderster Front mitgemacht hatte. Auf diesem sagenhaften Pferd, dessen ehemalige Besitzer von Jahr zu Jahr adliger wurden, hatte sich der Staub der Landstraße angesammelt. Er überhöhte die Wirkung des ausgemergelten Gestells derart, daß mit dem baldigen Ableben des Gauls gerechnet werden mußte. Seine große Zukunft sah niemand voraus, selbst Marti nicht. Doch das Gras beim Keltenstock schien ihm gut zu bekommen. Bald wurden die Grubener durch die Sprungkraft des alten Hengstes in Erstaunen versetzt. Das greise Rößlein übersprang mühelos die Umzäunung und näherte sich in eindeutiger Absicht der blaserschen Stute. Nach mehrmaligen verbalen Auseinandersetzungen der beiden Besitzer reichte der rassistisch gesinnte Blaser gegen Marti Klage ein. Blasers Niedergang! Wider Erwarten verlor er in den nächsten Jahren zahllose Rechtshändel. Wenn er, und das geschah oft, in Wut geriet, brach seine Gesinnung hemmungslos durch. Trotz Ermahnung durch den Gerichtspräsidenten ergriff er Partei für Hitlers Gaskammern: dort wollte er die Martische Sippe unterbringen. Für Zurechtweisungen hatte er kein Verständnis und belegte auch das Gericht mit ehrverletzenden Äußerungen.

So lag also eine lange Gerichtstradition in Sachen Blaser vor, als Blasers Erben ebenfalls den Rechtsweg einschlugen. Wie gesagt, führte dies vorerst zum Verwaisen des Hofes und zur zunehmenden Nutzung durch die Nachkommenschaft Martis. Der alte Marti selber, so wurde gemunkelt, habe sich noch vor seinen Kindern für das Blaserhaus interessiert und an die achtzig Liter Kirschwasser und Bätzi ins Aargauische und eine Standuhr nach Basel verkauft. Die Standuhr wurde dann allerdings bei einem der Blaser-Erben sichergestellt. Ein Ende der Händel ist nicht abzusehen. Irgendwann im nächsten Jahrzehnt wird sich das Bundesgericht damit befassen.

In der Zwischenzeit sind die meisten der allesamt frühreifen Martikinder ausgeflogen. Einer sei in der Fremdenlegion und einer in Regensdorf. Cousine Julie weiß, daß eines der Mädchen, jenes mit dem schwarzen Kraushaar, eine Nutte ist. Hannes mag das nicht glauben, hat ihm doch gerade dieses besonders gut gefallen.

Mit Archibald, dem Jüngsten, sitzt Hannes in der Schulbank. Hannes und Arschi sind, das finden sie selber, die Gescheitesten der Klasse. Die Lehrerin, die Hannes immer an die Wandtafel zeichnen läßt, zum Beispiel die langen Reihen von Misthaufen im Herbst, sieht alles etwas differenzierter. Doch billigt auch sie den beiden Talente zu, obwohl es ihr als Grubenburgerin aus gutem Hause nicht leicht fällt. Aber leider werden auch talentierte Bengel vom Klassendünkel nicht verschont. Hannes und Arschi schließen sich alsbald zur intellektuellen Elite der Grundschule zusammen.

Blaser hat in den Jahren vor seinem Ableben das Haus bis unter die Ziegel mit Heu vollgestopft. Er hat kein Land verpachtet, obschon er nur noch zwei Kühe hatte – anstatt sieben wie in seinen besseren Zeiten. Mit Hilfe seiner Söhne, denen er im Weigerungsfall mit Enterbung drohte, mähte er manchen Sommer lang zwölf bis fünfzehn Jucharten Gras. Das Heu, nicht immer von bester Qualität, füllte zuerst die Heubühne, dann die Getreidebühne. Als die Balkenlage über den Gesindekammern einbrach, gab es auch dort Platz zum Heu Einlagern. Später wurde die Einfahrt vollgestopft, dann der Schweinestall.

Das von der Nachkommenschaft Martis mit Klugheit und harter Arbeit im Heu angelegte Höhlenlabyrinth bezeichnet Roland, der zweitjüngste Martibub, als das besterhaltene seit der Antike. Das mit der Antike hat

er von der Sekundarschule mitgebracht. In der Sek haben sie einen Lehrer, der von der Antike angefressen ist. Ein prima Typ. Der sei sogar schon auf der Insel Kreta gewesen und dort im Labyrinth, das einer vor dreitausend Jahren gebaut habe. Von dem wisse man nicht, ob er ein Muni oder ein Mensch gewesen sei. Was man von einigen in Gruben auch nicht wisse. Also, jener wurde Minotaurus genannt und habe dieses Labyrinth gebaut oder bauen lassen. So genau wisse man das nicht mehr. Von einer Bauequippe gebe es keine Spur, die habe den Weg zurück nicht mehr gefunden. Der Seklehrer allerdings sei nach den Sommerferien zurückgekommen.
Für die verschiedenen Einstiege müssen sie Geheimbezeichnungen erfinden. Das ist wichtig, wenn daraus einmal ein Reduit werden soll. Das darf man nicht ausschließen. Der Bundesrat rechnet nämlich damit, daß auch seines in den Bergen noch gebraucht werde. Aber vermutlich wird ihr Reduit, das direkt neben der Aare liegt, viel eher benötigt als das in den Alpen oben, wo ohnehin bloß Touristen und Skifahrer hingehen. Daß Hitler ein guter Skifahrer wäre, davon hat Hannes nie gehört. Also wird er eher der Aare entlangkommen, wenn man bedenkt, daß alle Wegweiser abmontiert sein werden. Aber daß die Aare durch Bern fließt, wissen die Deutschen sicher.
Ihrem Reduit fehlt ein Notausgang, darüber sind sich die drei einig. Sie werden dieses und andere Probleme am freien Mittwochnachmittag angehen – Hannes allerdings erst nach dem Brotkehr; anschließend muß er eine Ausrede erfinden oder einfach abschleichen. Je-

denfalls wird der Notausgang zu tun geben. Unter dem Wagenschuppen durch und von dort in den Wald hinein. Sie werden Bretter brauchen. Ein Lüftungskanal fehlt auch. Vielleicht könnten sie das Kamin benützen. Sie müßten die Höhlengänge so anlegen, daß sie bei den Rußtüren ankommen. Sie sollten in die Einstiege Fallen einbauen. Enge Abzweigungen, mal links, mal rechts müßten ins Labyrinth führen. Gradaus sollte es ins Bodenlose gehen, zum Beispiel ins Güllenloch. Unbefugte würden darin ersaufen. Roland ist der Meinung, in Friedenszeiten sollte über das Güllenloch ein Heunetz gespannt sein. Arschi ist für den sofortigen Ernstfall. Roland entwickelt seine überlegene Strategie.
Wir müssen so tun, als ob schon Ernstfall wäre, gibt er zu bedenken. Denn wir haben es nicht nur mit Hitler, sondern auch mit den Stettler-Burschen zu tun. Die versuchen immer wieder, heimlich einzudringen. Einen Todesfall sollten wir vermeiden, das brächte unweigerlich die Schulkommission und die Polizei ins Haus. Die Blaserruine samt Labyrinth würde abgebrochen.
Arschi ist trotzdem für den Ernstfall.
– Abschreckung muß sein! Wenn es ein Unglück gibt, müssen wir uns verschanzen. Dann setzen wir uns zur Wehr. Wir brauchen Waffen, Schleudern, Pfeilbogen und Flinten. Und Vorräte, Brote und Äpfel. Das ist nicht so einfach wegen der Ratten.
– Die fangen wir und fressen sie auf, meint Archibald.
– Wie willst du sie braten?
– Die fressen wir roh.

– Das wird Durst geben, also brauchen wir auch Wasser. Zum Brunnen müssen wir sofort einen Gang anlegen.
Angsthasen, brummt Arschi. Wenn alles schief geht, jagen wir das Labyrinth in die Luft.
Wenn es brennt, kommt die Feuerwehr und legt eine Leitung von der Aare her. Und wenn sie dann löschen, gibt es einen fürchterlichen Rauch. Darin können wir unbemerkt entkommen.
– Und wohin gehen wir?
– Ins Reduit auf den Gotthard natürlich. Dort brauchen sie erfahrene Soldaten!

37

Hannes Vater und der Onkel haben die alte Weberei gekauft von einer noblen Familie, die langsam aber sicher in finanzielle Nöte geraten war. Jetzt werden dort Teigwaren hergestellt statt Seidenbänder. Der Vater zeigt Hannes die Urkunde von 1754, die zum Kaufvertrag gehört. Darin steht, daß zur Mühle, die vor der Weberei an der Oenz stand, auf ewige Zeiten das Wasserrecht gehört. Das habe wohl einen Ingenieur aus der noblen Familie bewogen, das kleine Kraftwerk zu bauen, sagt der Vater. Mit den damals neusten technischen Errungenschaften, einer Francisturbine samt Generator. Und diese Turbine läuft immer noch, wenn auch mit Pannen. Im weißgekachelten Maschinenraum beim Generator steht auf einem verschmierten Zementsockel die Ölpinte, mit welcher der Onkel routinemäßig alles ölt, was zu ölen ist. Im Hintergrund die Türe mit dem Totenkopf und dem gezackten Blitz darüber. Dort hängt, unter Glas und mit vier Schrauben befestigt, die Zeichnung von dem, der eben von jenem Blitz über dem Totenkopf getroffen wurde. Jetzt liegt er da und macht keinen Wank mehr. Der Kollege kniet neben ihm und biegt die Arme des Verunglückten oder bereits Toten nach hinten und auf der nächsten Zeichnung nach vorne. Und der Onkel sagt, das seien Wiederbelebungsversuche, die zu gar nichts führten, weil der Blitz den Mann sofort totgeschlagen habe. Daß ihr euch untersteht, durch diese Tür hineinzugehen, sonst geht es euch ebenso. Da kommt nur der lebend heraus, der sich mit der Elektrizität auskennt.

Onkel Albrecht kennt sich aus. Wenn er drinnen ist, flackert im ganzen Gebäude das Licht, manchmal stehen sogar die Maschinen still. Dann allerdings muß er mit einer gewagten Maßnahme zum Rechten schauen. Hinter der Milchglasscheibe flackert ein blaugrüner Schein. Und Hannes denkt an Gewitter und an die ungeheuerliche Elektrizität, die in den Wolken sei und so nutzlos vertan werde wie die Wasserkraft der Stromschnelle. Wenn es dann minutenlang nicht mehr flackert hinter der Scheibe, glaubt Hannes, der Onkel sei vom Strom erschlagen; nur noch ein Aschenhäuflein am Boden, wie der Alopecius beim Wilhelm Busch. Aber immer dann, wenn Hannes Hilfe holen will, beginnen die Maschinen wieder zu laufen, und der Onkel kommt ölverschmiert und unversehrt heraus. Und jagt Hannes aus der Gefahrenzone.

38

Großer Umzug in das graue Haus an der Bahnlinie. Erster Schultag in Buchsee. Vierte Klasse. Wer die Prüfung in die Sekundarschule machen wolle im nächsten Frühling, fragt der Lehrer. Hannes meldet sich. Gelächter bei den Mädchen. Hannes kann nicht einmal Dreisätze rechnen. Von Gruben ging man nicht in die Sek und war mit dem Lernprogramm etwas im Rückstand. Hannes will es den blöden Kühen schon zeigen!
Auf dem Schulweg erwartet ihn eine Gruppe Knaben. Sie wollen ihn belehren, wie es zugehe in Buchsee. Ob er glaube, man könne einfach kommen und eine große Röhre führen? Dabei hat er gar nichts gesagt. Aber er wird sich zu wehren wissen, wenn die ihn verprügeln wollen. Aus dem Augenwinkel prüft er mögliche Fluchtwege. Dem Hänseli wird er es geben, wenn der noch näher kommt. Scheißkerle seien sie, neun gegen einen, kanzelt ein Oberschüler im Vorbeigehen die Drohgemeinschaft ab.
Hannes geht davon, schaut ein paarmal zurück. Die Gruppe bleibt fünfzig Meter hinter ihm. Beim Bahnübergang ist die Barriere geschlossen. Jetzt wird es eine Prügelei absetzen. Hannes hebt Steine vom Boden auf. Was er damit wolle? Nichts! Bloß versuchen, eine Straßenlampe zu treffen. Das werde er nicht wagen! Warum nicht? Scheißkerle treffen keine Lampe! Wollen mal sehen.
Glas klirrt! Die Bande rennt davon, Hannes mit. Beim Lagerschuppen beraten sie. Der Weber im Eckhaus

stand am Fenster. Der wird dem Schulvorsteher telefonieren. Eine schöne Schweinerei hast du uns eingebrockt!

39

Hannes hat die Prüfung in die Sekundarschule bestanden. Vorher gibt es zum Glück noch Ferien.
Früh am Morgen geht er mit dem Vater zu Fuß in die Fabrik. Der Vater marschiert jeden Morgen und jeden Abend diese zwei Kilometer über Feldwege.
Krähen balgen sich um ein Aas. Vermutlich ein totes Kaninchen, von einem Mist geklaut. Vater sagt, er wäre am liebsten eine Krähe. Dann könnte er auf die ganze Jämmerlichkeit hinunterkrächzen, müßte sich nicht abrackern ums tägliche Brot. Am liebsten wäre er eine Krähe, die vor zweihundert Jahren gelebt hätte. Da seien noch nicht überall Häuser gestanden. Und in den Flüssen habe es von Forellen und Äschen gewimmelt.
Noch im Jahr 1921, als die Oenz das ganze Tal überschwemmte, habe der Großvater aus der Backstube geschaut. Draußen in der Matte im seichten Wasser habe er etwas plantschen sehen. Er habe an Enten gedacht oder an einen Fischotter, die gab es damals noch. Aber auf einmal sei eine riesige Flosse aufgetaucht und habe das Wasser zu Schaum geschlagen. Der Großvater sei ohne die Schuhe auszuziehen aus dem Fenster gesprungen. Mit beiden Händen habe er zugepackt und den Hecht, der sich in die Wässermatten verirrt habe, in die Schürze gewickelt. Zwei Tage lang habe die elfköpfige Familie sich an dem Riesen-

fisch sattessen können. Aber mit solchen Ereignissen sei es endgültig vorbei.

Hannes geht in der Fabrik immer zuerst in den Abstellraum. Dieser liegt zwischen dem Kraftwerk und der Fabrikation. Schwarze ölige Fußabdrücke vom Kraftwerk her, weiße von der Fabrikation. In einer Ecke sind kaputte Trockensiebe aufgeschichtet. Ein defekter Transportwagen mit allseits drehbaren Rädern, von denen eines verbogen ist. Kupferformen aus der großen Presse.

Vorsichtig das Fenster öffnen. Keine abrupte Bewegung. Forellen sind scheu, schießen gleich in die Wassertiefe. Auf den Sonnenstand muß Hannes achten. Grelles Licht auf den Mauern blendet die Fische. Bedeckter Himmel ist heikel. Aber gerade dann kommen die Großen hervor unter dem Turbinenhaus. Eine hinter der andern stehen sie im Widerwasser. Die Kleinen vermeiden es, einer Großen nahe zu kommen. Nervös ihre Schwimmbewegungen, ruhig die der Großen.

Hannes bereitet den Köder vor. Teigwarenabfälle, sonst nicht Nahrung von Forellen. Er hat sie daran gewöhnt.

Ein Blick noch zur Brücke hinunter. Der Briefträger schaut immer nach dem Fenster, wenn er auf dem gelben Postvelo vorbeifährt. Ihm gehört das Fischrecht. Er verdächtigt Hannes. Auf frischer Tat hat er ihn noch nie ertappt. Hannes ist ein erfahrener, ein überzeugter Frevler. Er findet es nicht richtig, daß Leute, die nichts verstehen von Forellen und Köcherfliegen, und schon gar nichts von Groppen oder Eintagsfliegen, daß solche Leute das Fischrecht haben, nur weil sie es geerbt haben. Das ist beim Bodmer, der die meisten Fischrechte hat, etwas anderes. Der versteht etwas vom Fischen. Der weiß, wovon er redet, wenn er bloß einen Blick aus dem Fenster wirft und sagt, heute habe es keinen Sinn, sich an die Aare zu stellen. Jetzt ist der Bodmer zu alt, um selber fischen zu gehen. Hannes steht zu ihm in delikaten Handelsbeziehungen. Er verkauft ihm die Fische, welche er in seinen Gewässern gewildert hat. Für eine Forelle bekommt Hannes fünfzig Rappen, die Äsche gilt sechzig. Aber Äschen steigen nur im Winter in die Oenz auf und nur noch vereinzelt. Zu Vaters Zeiten kamen sie in riesigen Schwärmen, Rücken an Rücken. Das ist jetzt vorbei. Wenn sie sich verspäten, erst im März aufsteigen, arbeitet Hannes mit Rolf und seinem jüngeren Bruder zusammen. Es geht darum, die Äschen in den Schafbach zu treiben. Da muß man mit List vorgehen. Man muß unverhofft oberhalb der Schleuse ins Wasser springen, dann flüchten immer ein paar Fische in die falsche Richtung, das heißt für die Jäger natürlich in die richtige, gegen die Wässermatten zu. So brauchen sie nur noch hinterher zu waten. Schwierigkeiten gibt es erst zuletzt, wenn sie die Äschen in die überschwemmten Matten hinaustreiben. Da sind noch ein paar Manipulationen an den Brütschen, den kleinen Schleusen, nötig. Zuerst leiten sie das Wasser in die Matten hinaus, und wenn auch die Fische draußen sind, unterbinden sie die Wasserzufuhr. Dann können die Äschen nur noch eingesammelt werden. All diese Vorkehrungen könnten leicht getroffen werden, wäre nicht der Böglibauer versessen darauf, sie auf frischer Tat zu ertappen. Nicht um die Fische geht es ihm, sondern ums Wasser. Er hat das Wasserrecht und darf seine Matten im Frühling und nach dem Heuet überschwemmen.

Mit dem Briefträger steht Hannes schlecht. Mehrmals hat der sich beim Vater beschwert. Darum wird der Vater jetzt schon böse, wenn er entdeckt, daß Hannes sich am Fischzeug zu schaffen macht.

Aus dem Bürofenster hinunterschauen auf den Überlaufkanal, das ist etwas anderes. Da kann er den Vater rufen, wenn er eine Forelle gesichtet hat. Dann sitzen sie nebeneinander und beobachten die Ringe.

An solchen Morgen hofft er, daß der Abend windstill werde. Dann taumeln Hunderte von Steinfliegen über dem Wehr. Wie eine goldene Wolke steigen sie auf ins letzte Sonnenlicht, sinken hinab in den Schatten, steigen wieder auf. Einzelne gleiten mit halbgeschlossenen Flügeln aufs Wasser, legen ihre Eier ab.

Im Überlaufkanal stehen die Forellen manchmal dicht unter der Wasseroberfläche.

Den Briefträger interessiert das alles nicht. Der weiß nicht, was seine Forellen fressen. Und darum hat Hannes beschlossen, daß er versuchen will, die Große zu fangen, die man nur sieht, wenn kein Wasser hochsprudelt hinter dem Kraftwerk, das Wasser ruhig ist und schwarz. Wenn er die Große fängt, wird der Vater nicht schimpfen. Der denkt ähnlich über die Leute, die sich nicht kümmern um das, was mit den Fischen und mit dem Wasser geschieht.

Seit es angefangen hat mit dem Gerbewasser, ist der

Vater böse auf den Marbach. Wenn zweimal in der Woche die Oenz braun wird und der Schaum an den Steinen hängt, steht er am Fenster und ist auch der Meinung, daß das eine Schweinerei ist. Manchmal fließt in Marbachs Gerberei auch noch ein Giftfaß aus. Dann stauen sich die toten Fische beim Rechen.
Kürzlich haben sie zweitausend und dreiundsiebzig Forellen gezählt. Es waren natürlich viel mehr. Die meisten blieben irgendwo in einem Widerwasser oder unter den Strünken hängen. Der Marbach und der Gerichtspräsident steckten unter der selben Decke, schimpft der Vater. Deshalb gehe alles zum Teufel. Hannes jedenfalls wird eines Tages, wenn er etwas zu sagen hat in der Gemeinde, dafür sorgen, daß das mit dem Gerbewasser aufhört. Landvogt müßte man sein, sagt der Vater, dann könnte man den Unfug abstellen. Aber die Landvögte seien eben abgeschafft. Zum Glück. Die steckten ohnehin mit dem Gerber unter einer Decke.

40

Noch kann er es aus dem Gedächtnis verbannen. Lange wird das nicht mehr dauern. Auf dem Weg zur Schule wird es mit Sicherheit anfangen. An Donnerstagen ist die Luft immer lau, nie Gewitter; wenn Regen, dann warmer Nieselregen, der auf dem Trottoir verdampft.
Die Fabriksirenen haben schon ausgeheult. Eine Rangierlokomotive pfeift auf dem Abstellgleis. Nichts ist los auf dem Schulweg. Stiller als üblich auch im Schulhaus. Bloß drei Klassen haben Unterricht. Franzö-

sisch zuerst. Probe jeden Donnerstag. Hannes ist miserabel vorbereitet. Selbst wenn er sie gelernt hätte, diese Verben kann er mit größter Anstrengung nicht im Gedächtnis behalten. Sinnlos darum, vor der Probe nochmals ins Heft zu starren. Noch fünf Minuten. Nach dem Französisch dann Zeichnen.
Die Mädchen legen schon die Hefte bereit. Haben natürlich gebüffelt, die Hühner. Fred und Jörg sicher auch. Gleich schellt die Glocke.
– Bonjour Monsieur.
– Asseyez-vous. Prenez vos cahiers. Ecrivez, schreibt! Es wird schwierig werden mit der vorbereiteten Gedächtnishilfe. Der Zettel ist zwar noch kleiner als üblich. Aber nach dem Überraschungscoup des Lehrers vor vierzehn Tagen ist Vorsicht geboten. Keine Chance. Schon vorbei die erste Frage. Paul schreibt eifrig, aber dieser Dreckskerl verdeckt ihm mit dem Löschpapier die Sicht. Ein Kick ans Schienbein bringt ihn zur Vernunft. Zweite Frage. Auch verpaßt. Endlich hebt dieser Schwerenöter das Fließblatt. Die nächste Frage kann beantwortet werden. Die übernächste nur mangelhaft. Grinsend steht der Lehrer neben Hannes. Dieser Skunk! Müßte ja wissen, wie es herauskommt, wenn er hier stehen bleibt. Sadist! Ein gerechter Lehrer will das sein. Idioten, die sowas erzählen. Die Treppe hinabfallen soll er nachher mit den Heften. Im Spital hätte er dann Zeit zum Nachdenken!
Endlich wieder eine Frage beantwortet. Und dann noch schnell zwei, drei Antworten bei Paul abgeschrieben, während das Ekel, die Arme auf dem Rücken verschränkt, nach vorne schreitet.

– Proben einsammeln!
Harmlos dann der zweite Teil der Lektion. Endlich schrillt die Glocke.
In der Pause spektakuläre Ringkämpfe hinter dem Schulhaus. Hannes ist in Form, legt Jürg mit einem Hüfter platt.
Dann zwei Stunden Malen. Endlich etwas Sinnvolles. Das Getuschel der Mädchen stört. Sollen doch aufpassen, was mit der Farbe passiert, wenn sie ineinanderläuft. Verstehn nichts vom Malen, die Hühner.
Am Samstagmorgen werden die Französischproben zurückgegeben. Reiner Sadismus, darauf angelegt, ihm das Wochenende zu vergällen. Aber dagegen weiß er sich zu wehren.

41

Hannes erinnert sich, wie er als Fünf- oder Sechsjähriger Abend für Abend beim Nachtessen mit dem Schlaf kämpfte. Wie er plötzlich nur noch die Hände der Erwachsenen sah, die mit Gabeln in geblümten Tellern stocherten. Gesprächsfetzen verhallten. Daß ihn die Mutter aufhob, ihn wegtrug, nahm er als etwas wahr, das weit weg geschah. Daß sie ihn auszog, ins Bett legte, merkte er nicht mehr.
An die immer wiederkehrenden Szenen ein paar Jahre später erinnerte er sich genauer. In der Dämmerung, wenn die Spiele verlockend wurden, wenn das letzte Licht die Formen auflöste, die Tageswärme sich in die Nacht verlor, erwartete er den Mahnruf. Erst nach mehrmaliger Wiederholung bequemte er sich, ihn zu

hören. Wenn er nach großem Lamentieren endlich die Zähne putzte, nach weiteren Verzögerungen endlich unter die Decke schlüpfte, schlief er sofort ein.
Seit dem Umzug nach Buchsee hat sich das geändert. Vor dem Einschlafen geht ihm neuerdings manches durch den Kopf. Er erinnert sich an Geschehnisse, die vor Jahren passiert sind. Ganz unvermittelt und scheinbar ohne Zusammenhang auch an Gegenstände oder Naturerscheinungen. An das gelbe Licht zum Beispiel, das den Nebel aufleuchten läßt, bevor das Blau des Himmels sichtbar wird. Oder an den Wiedehopf, der plötzlich die Haube sträußte.
Früher hat er sich nie erinnert. Warum erinnert man sich? Er hat sich auch nie gefragt, ob etwas richtig oder falsch war, das er tat. Wenn es falsch gewesen war, mußte man mit einer Strafe rechnen, das war alles. Was richtig oder falsch sei, behaupteten die Erwachsenen zu wissen. Und wenn sie nicht sicher waren, beriefen sie sich auf den lieben Gott. Der sehe alles, drohte vor allem der Großvater; der sah selber schlecht und hatte meistens auch noch die Brille verlegt. Die Erwachsenen zweifeln doch selber an dieser Meinung. Laß dich nicht erwischen, ist ihre Devise. Ob Gott sich erwischen läßt? Vielleicht sind die Erwachsenen dümmer, als man meint. Er mißtraut ihnen schon lange. Das hänge mit dem zusammen, was sie in der Nacht täten, sagt die Cousine. Und manchmal täten sie es sogar am Tag. Hannes denkt an die spitzen Brüste der Mädchen, damals im Emmental. Er sinkt hinein in die schwüle Erinnerung und spürt, daß sein Glied in der Hand an Umfang zunimmt. Die Serviere-

rin treibe es mit den Polen, hat Julie behauptet. Licht fällt auf eine weiße Brust. Nackte Beine, Dunkel dazwischen. Der Laut, den der Bulle von sich gibt, wenn er in die Kuh eindringt, muß etwas damit zu tun haben. Rot und gefährlich fangen auf einmal die Brüste an zu glühen, verwandeln sich in Augen, schauen Hannes an. Verschwinden im Schatten riesiger Flügel, die taumelnd davonstreichen. Über Mondlichthügel blinken drohend die Sterne. Die Silhouette des Riesenvogels streicht vorüber. Zwischen Wolken verschwindet sie, kommt erneut zum Vorschein. Das muß der Uhu sein, den er hinter dem Hof des Onkels auf dem Scheitstock sitzen sah. Reglos, ein Gespenst. Wie sich seine Haare sträubten. Keinen Schritt konnte er tun, und er wäre doch gerne davongerannt. Lautlos hob der Uhu die Flügel und glitt den Abhang entlang. Danach nur noch Bruchstücke und das Geräusch, als der Uhu an ihm vorbeistrich.

42

Hannes beneidet die Pfarrer um ihre Kanzel: Von hoch oben herab die Zuhörer scharf ins Auge fassen, den Finger bedrohlich langsam ausstrecken, mit wegwerfender Gebärde alle Einwände von sich schieben, das möchte er auch gerne tun. Und so baut er schräg hinter dem Weihnachtsbaum aus Obstharassen und Kartonschachteln eine Kanzel auf. Verschafft sich einen schwarzen Kittel und gedenkt sich nicht mehr mit Verseaufsagen und Krippenspielen abzugeben.
Etwas befremdlich finden die Erwachsenen sein An-

sinnen, sie möchten aber aufkeimendes Talent nicht behindern, besonders wenn daraus ein Pfarrer hervorgehen sollte. Ausgerüstet mit Bibel und Gesangbuch verkündet Hannes, nachdem er die Proteste der jüngeren Geschwister unterdrückt hat, das Wort Gottes mit ungeahnter Direktheit. Mäuschenstill sitzen sie da, die Ungläubigen, die vorhin noch an seiner Gabe zweifelten. Jetzt hat er sie in Bann geschlagen. Gewaltig dröhnt der Himmel, und die Engel brechen hervor aus lohenden Flammen und verkünden Friede auf Erden und den Menschen ein Wohlgefallen.
Den Brüdern ist das Lachen vergangen. Herodes hat die Häscher ausgeschickt, weil die drei Könige auch schon unterwegs sind. Das Blut der unschuldigen Kindlein fließt, und Joseph stolpert bei seiner Flucht mit Maria und dem Kind über einen Stein, was fatale Folgen hätte haben können, wäre er doch mit einem gebrochenen Bein nicht rechtzeitig nach Ägypten entkommen. Aber es ging noch einmal gut. Und über Pontius Pilatus würde Hannes erst zu Ostern predigen.
Die verrückte Großtante hat die knochigen Finger verschränkt, und Hannes gedenkt seine Predigt mit einem hoffnungsvollen Wunsch zu beenden.
– Unserer lieben Tante, hebt er nochmals an, möge ihr sehnlichster Wunsch in Erfüllung gehen. Seit Jahren sehnt sie sich danach: Immer und immer wieder hat sie Gott darum gebeten, sie heimzunehmen zu sich in den Himmel. Aber nie hat er ihre Gebete erhört, er ließ sie jahrelang krank im Bett liegen. Ihren Bruder hat er zu sich genommen, und kleine Kinder ließ er von den

Häschern Herodes umbringen, aber sie hat er nicht erlöst, denn seine Wege sind unerforschlich.
Die Mutter wird nervös. Soll sie ihre Einwände bis nachher zurückhalten. Es ist doch keine Art, einen Pfarrer zu stören.
– Laßt uns darum beten, daß Gott unsere Tante endlich zu sich nehme. Amen!
Betretenes Schweigen. Schluchzend vor Rührung hält die Großtante mit knochigen Fingern Hannes Bubenhand. Tränen rinnen über die faltigen Wangen.
– Wunderbar hast du gepredigt. Gott wird dich erhören. Und ihr Ungläubigen, droht sie gegen die kichernden Brüder, ihr werdet sehen, was der Glaube vermag. Sie hat den Stock ergriffen, versucht aufzustehen und sie wegzutreiben. Aber die Gicht streckt sie nieder auf den Stuhl. Die Mutter stimmt ‹Stille Nacht› an, derweil die Großtante doch noch zum Schlag ausholt. Der kleine Bruder heult. Der Vater fängt auch an zu singen. Hannes schließt die Bibel, während die Großtante hemmungslos weint.
Wann werden endlich die Geschenke verteilt? will die Cousine wissen.

43

Erhängt habe sich der Bachmann, weil er nicht mehr weiterwußte. Auf den Schotterturm in der Kiesgrube sei er gestiegen und habe das Seil am Förderband angebunden. Am Sonntagmorgen hätten ihn die Hundezüchter gefunden, die dort mit ihren Hunden trainierten. Sein Haus werde versteigert. Die schwarze Maria habe schon ausziehen müssen, weil jetzt Frau Bach-

mann zurückgekommen sei. Eine Gerichtssache werde es jedenfalls geben, weil Briefe zum Vorschein gekommen seien, die den Bankrott von Bachmanns Firma in ein anderes Licht stellten. Man werde noch sehen, was dabei herauskomme.
Für Hannes leider nichts, weil ihn der Vater unter einem fadenscheinigen Vorwand wegschickt. Er wird sich anderweitig Auskunft zu beschaffen wissen.

44

Sein krächzender Gesang hilft wenig. Der Lehrer entscheidet auf Katarrh, nicht auf Stimmbruch. Nicht einmal in den Tenor wird er versetzt. Seither singt Hannes absichtlich falsch. Was allerdings keine Beachtung findet. Vorher ging es auch schon daneben. Er wird sich etwas anderes einfallen lassen. Er läßt sich von diesem Stimmgabelhampelmann nicht lächerlich machen. Wenn der mit dem Taktstock und mit gebüscheltem Mund andeuten wird, wie leise eine Partie zu singen sei, wird Hannes das ignorieren. Wird mit voller Lautstärke... ja, das wird er tun.
Und wenn der Lehrer nicht zur Einsicht kommt, wird er die Konsequenzen ziehen. Wird nur noch selten oder nicht mehr erscheinen. Sein Katarrh wird chronisch werden.
Ein erster Versuch gelingt. Kein Appell. Hannes fragt die Bässe, ob sie genug Mut hätten, auch zu schwänzen. Sie haben ihn nicht. Die Mädchen werden erkennen, daß es dazu mehr braucht als ein bißchen Gebrumm.

Der Zwischenfall mit Ruedi war nicht vorauszusehen. Ausgerechnet heute muß dieser Idiot mit einem Radiergummi, den er über den Flügel zu den Bässen hinüberwirft, den Lehrer an den Kopf treffen. Allerdings konnte niemand ahnen, daß der Notenhengst genau dann, als sich das Geschoß in der Luft befand, aufstehen würde. Hätte der eine Zehntelssekunde länger geklimpert, wäre nichts geschehen!
Schön an der Halbglatze getroffen, schreit der Lehrer nach Hannes. Typisch! Aber dieser ist nicht da! Kann nicht Täter sein.
Wo ist er?
Das Verhängnis nimmt seinen Lauf. Ruedi, der Schwächling, ist dem Verhör nicht gewachsen, er verrät Hannes.
Spätestens in der ersten Pause am Nachmittag werden sie ihn ins Lehrerzimmer rufen. Dort werden sie am Tisch sitzen, und er wird bei der Türe stehn. Sie werden dreinschauen, als ob er wüßte, was für ein Verbrechen er begangen hätte. Und zweifellos werden sie ihm wieder einen Brief mitgeben, den der Vater unterschreiben muß.
Soll er die Nachmittagsstunden auch noch schwänzen? Da wäre vielleicht eine Krankheit ins Spiel zu bringen. Wenn er früher von dem Geschehnis unterrichtet worden wäre, hätte er aufs Mittagessen verzichtet. Übelkeit. Eine Grippe vielleicht. Die Mutter hätte es bezeugen können.
Jetzt bleibt nur noch, sich den Finger in den Hals zu stecken und zu erbrechen. Möglich, daß die Situation zu retten ist. Ob die Mutter allerdings mitmacht? Seit

sie ihn ertappt hat, wie er den Fieberthermometer mit heißem Wasser behandelte, mißtraut sie plötzlich auftretenden Krankheiten.
Vielleicht übertreibt Ruedi, er neigt dazu, spielt sich gerne auf. Feiglinge tun sowas mit Vorliebe. Hannes wird hingehen und zeigen, wie man denen die Stirn bietet! Und vielleicht hat sich der Klimperer beruhigt, hat alles vergessen? Nicht anzunehmen. Wird zu den andern gelaufen sein. Kann nie etwas für sich behalten.
– Was meinen Sie dazu, Herr Kollege?
Hannes versucht, unauffällig ins Klassenzimmer zu gelangen. Aber der Fall hat sich bereits herumgesprochen. Anerkennende Aufmunterung von den Neuntklässlern, Bewunderung von den Anfängern.
Der Deutschlehrer bleibt neben Hannes Pult stehen.
– Du kommst in der Pause ins Lehrerzimmer!
Hannes fühlt seine Beine weich werden. Beinahe hätte er in die Hose gepißt. Der Lehrer schichtet die Aufsatzhefte aufs Pult. Sonst wartet Hannes gespannt auf den folgenden Moment. Jetzt erschrickt er, als der Lehrer ihn aufruft.
– Sehr gut, die Beobachtung. Die Formulierung etwas holperig. Du schreibst: «Ich sah die Tauben, den ganzen Schwarm, plötzlich aufsteigen. Da muß etwas nicht stimmen, sagte ich mir. Ein Wanderfalke, ja, das mußte es sein. Ich lief hinaus in den Garten, wo ich die Übersicht hatte.» Warum nicht so: «Der Taubenschwarm stieg plötzlich auf. Da muß etwas nicht stimmen. Das könnte ein Wanderfalke sein!» Du kannst nicht zweimal nacheinander «da muß» oder «das

muß» schreiben. Das ist langweilig und plump. Und dann dieser Satz hier, der ist einfach nicht fertig: «Sauste herunter, hatte sie». Wer sauste herunter und wen hatte er? Aber sonst eine sehr gute Arbeit.

Hannes möchte nie mehr einen Aufsatz schreiben. Hofft, das Schulhaus stürze ein. Begrübe alles unter sich. Einerlei. Nie mehr diese ganze Scheiße mitmachen!

Regen klatscht an die Fenster. Blätter wirbeln über den Schulhof. Der Lehrer schreibt an die Tafel. Gleich wird er sich umdrehen und eine Frage stellen. Keine Ahnung, worum es geht.

Ein Ast wird vom alten Nußbaum gerissen. Fällt aufs Dach des Fahrradständers. Vielleicht gibt es eine Überschwemmung. Die Brücke in Woog wird weggerissen. Feuerwehren werden aufgeboten. Die Lehrerkonferenz findet nicht statt... Doch unerbittlich klingelt die Glocke.

– Hannes, du kommst gleich nach oben!

Er klopft an.

– Ja, herein! Drei Lehrer sitzen am Tisch, schauen kurz auf.

– Warte! Die andern tun, als ob sie ihn nicht gesehen hätten. Ordnen Hefte, besprechen den Stundenplan. Der Musiklehrer lehnt an der Fensterbank. Kann ein schadenfrohes Grinsen nicht verkneifen. Der letzte Lehrer kommt herein. Gleich wird es losgehen. Aber noch haben sie ein Problem zu erörtern.

– Nun zu dir, Hannes! Du machst uns Sorgen. Wo warst du heute vormittag während des Chorsingens? Na, kommt's bald!

Hannes spürt, daß er gleich weinen wird. Sein Hals ist wie zugeschnürt.
– Mir war übel.
– So, dir war übel. Dann können wir ja deiner Mutter telefonieren, ob sie etwas davon weiß. Und schon nach dem Mittagessen bist du wieder gesund! Ich kann dir sagen, was war. Der Klassenlehrer schreit: Großtun wolltest du! Dich aufspielen! Aber warte nur, Bürschchen. Das werden wir dir austreiben! Du kannst gehn!
Hannes spürt das Zittern, will es verhindern.
– Du kannst gehen, habe ich gesagt.
Die folgenden Lektionen gehen ohne weiteres vorüber. Auf die Aufgaben kann er sich nicht konzentrieren.
Was ist los mit dir, Hannes? fragt die Mutter.
– Nichts. Sie schaut ihm nach, als er die Treppe hinaufgeht in sein Zimmer. Er hört die Kameraden rufen, gibt keine Antwort.
Wohlig erwacht er am nächsten Morgen im Bett. Erinnert sich plötzlich, wird schwer wie Blei. Wären doch alle tot, und er auch!
Keine Erwähnung des Falles am Vormittag. Erst in der letzten Lektion am Nachmittag dann die Bemerkung:
– Wir werden deinen Fall heute an der Konferenz behandeln. Nicht ausgeschlossen, daß die Schulkommission eingeschaltet wird.
Dann zwei Tage Funkstille.
Endlich am Freitag die Exekution im Lehrerzimmer. Sie sitzen um den Tisch, mustern ihn mit unergründli-

chen Mienen. Schweigen. Hannes möchte schreien: Los, macht endlich vorwärts! Werft mich raus aus eurer blöden Schule!
Der Klassenlehrer ergreift das Wort.
– Hannes, du machst es uns schwer. Wir haben lange gebraucht, bis wir uns durchgerungen haben, nochmals Gnade vor Recht walten zu lassen. Daß du uns neuerdings anzulügen versuchtest, hat uns sehr enttäuscht. Du wirst dich jetzt bei Herrn Tschäpät entschuldigen. Das mindeste, was wir von dir erwarten. Du hättest es unaufgefordert tun sollen. Also!
– Wenn du meinst, du könnest dir auch das noch leisten, dann muß ich dich enttäuschen, du kannst es nicht. Zum letzten Mal, willst du dich entschuldigen?
– Ich will nicht, aber ich muß. Entschuldigung!
Sprachlos nun die Lehrer.
– Kann ich gehn?
– Denk daran, unsere Geduld ist zu Ende.
Der Deutschlehrer grinst schadenfroh. Hannes nimmt sich vor, nie mehr einen Aufsatz zu schreiben wie bisher, dem wird er nicht mehr anvertrauen, was er beobachtet hat. Denen wird er nie mehr eine Schwäche zeigen. Nie mehr werden sie ihn fertigmachen!

45

Kaum merklich hebt sich die Helligkeit des Fensters von der Dunkelheit ab. Die Stille im Haus und im Garten ist anders als jene um Mitternacht, wenn die Dunkelheit erfüllt ist von Ängsten und Gespenstern. Wenn Diebe umherschleichen und Marder auf dem

Dachboden toben. Um vier Uhr früh, wenn das Grün in der Fensteröffnung heller wird, hält die Natur den Atem an.
Bald zeichnen sich die Fenster ab. Die erste Amsel fliegt auf den Wipfel einer Tanne. Traumverloren ihr Lied, erwachend hören Tiere und Bäume zu. Nach Minuten kommen weit entfernte, noch in ihre eigene Dämmerung gehüllte Stimmen dazu. In rascher Folge setzt dann der allgemeine Jubel ein. Hin und her wogt er. Chöre antworten einander. Eine Solistin muß auf dem Nachbarhaus sitzen. Hannes ist, als ob er die Welt mit dem Gehör abtaste. Er ahnt die Distanzen nicht in Metern, sondern in Räumen. Räume zwischen Baumwipfeln, zwischen Häusern. Räume, die in Täler abfallen, in die hinein Kamine ragen. Klangräume, Farbräume, Traumräume auch. Räume, in die man hineinfliegen kann, in denen man zu klingen beginnt wie eine Stimmgabel.
In der Fensteröffnung zeichnet sich ein gelber Streifen ab. Darunter, eher Ahnung als Silhouette, der Wald.
Der Jubel bekommt Risse. Ein Eichelhäher zetert. Die Amsel auf dem Nachbarhaus ist in den Garten hinunter geflogen. Gleich wird das große Fressen und Gefressenwerden beginnen. Ein Fuchs schleicht der Hecke entlang, verschwindet im Dickicht.
In der Ferne rattert ein Traktor. Hannes läßt sich nochmals in den Schlaf zurücksinken. Erst in zwei Stunden beginnt die Schule. Wieder nicht vorbereitet. Es wird es eine Katastrophe geben.

46

Die letzten drei Forellen. Die wären auch schon tot, gäbe es nicht den Quellenüberlauf. Die Fische schwimmen dorthin, wenn die Oenz zur Brühe wird. Eines Tages wird es sie trotzdem nicht mehr geben, sagt der Vater. Immer komme das Quellwasser nicht an gegen das Gift. Ein Verbrechen sei es. Die Leute seien dumm wie Stroh und würden sich zuletzt auch selbst vergiften.
Ob der Vater auch sich selber meint? Hannes erinnert sich, wie der Vater im letzten Sommer, als sie von Meiringen bis nach Airolo wanderten, bei jedem Wasserfall sagte, da gingen wieder so und so viele Kilowattstunden verloren. Schließlich ist die Mutter böse geworden. Er sei nicht besser als der Gerber. Wenn es nach ihm ginge, würden noch mehr Forellen umkommen. Das konnte dann der Vater nicht auf sich sitzen lassen und hat geschwiegen. Vermutlich weiß der Vater selber nicht weiter. Ohne Kilowattstunden steht seine Fabrik still. Ob es mit ihm auch so weit kommt, daß er nicht mehr weiterweiß?
Aber daß der Vater auf der Seite der Forellen steht, daran zweifelt Hannes keinen Augenblick. Wenn's drauf ankommt, werden er und der Vater zusammen für die Forellen sein.

47

Die verrückte Großtante sitzt immer in der Nische neben der Verandatür. Wie ein verletzter Raubvogel hält sie den Platz auf dem alten Lehnstuhl besetzt. Ihre

Haut ist grau wie glanzloses Gefieder. Sie lehnt sich ins Dunkel zurück, verschwindet im Schatten. Man beachtet sie kaum, bis man plötzlich die knochigen Krallenhände auf ihrem Schoß wahrnimmt. Den Bruchteil einer Sekunde braucht Hannes jedesmal, bis er sicher ist, daß diese Hände zur Großtante gehören und nicht zu einem furchterregenden Vogelgespenst.
Stundenlang kann sie reglos in ihrer Ecke verharren, bis sie unverhofft vorschnellt und das Licht auf ihre Hakennase fällt. Man erwartet, daß sie etwas sagt, doch sie läßt sich nach ein paar Minuten stumm zurückfallen.
Wenn die Großmutter ankommt, verschwindet die Großtante sofort und schließt sich in ihrem Zimmer ein. Wagt sich erst wieder hervor, wenn die Großmutter abgereist ist.
Die Großmutter taucht immer unverhofft auf. Seit ihrem siebzigsten Geburtstag hat ihre Unruhe ständig zugenommen. Früher dauerten ihre Besuche eine Woche, jetzt noch zwei Tage. Sie erscheint unangemeldet, hängt den schwarzen Mantel, den sie das ganze Jahr über auf ihren Wanderungen trägt, in die Garderobe und setzt sich in den Lehnstuhl, den die verrückte Großtante verlassen hat.
Wenn Hannes und seine Brüder von der Schule zurückkommen, kichert sie in der Ecke. Wohlerzogenheit mimend, tritt einer nach dem andern vor die vergnügte Greisin und schüttelt ihr die Hand. Erfreut begrüßt sie den Ernst, der in Wirklichkeit Armin heißt. Hannes nennt sie manchmal Paul, manchmal Otto. Das scheint davon abzuhängen, woher sie eben

gekommen ist oder zu welcher ihrer Töchter sie in ein, zwei Tagen zu wandern gedenkt. Falls sie überhaupt weiß, was sie denkt. Armin pocht jetzt darauf, Armin zu heißen. Was die Großmutter mit einem ungläubigen Kopfschütteln quittiert. Früher habe man nicht so neumodisch, da habe man Ernst oder Fritz geheißen, wie es sich gehöre.
– Und du bist also der Köbi?
– Nein, der Armin.
– Was du nicht sagst! Der ist doch schon vor Jahren ins Welschland gefahren oder nach Amerika, so genau weiß ich das nicht mehr.
Der Armin geht aber erst in die vierte Klasse, wendet Hannes ein. – Du willst mich wieder einmal zum Narren halten. Ich kenne dich. Du bist immer schon ein frecher Bengel gewesen. Aber von Erziehung will ich jetzt nicht reden.
Laßt die Großmutter in Ruhe, mahnt die Mutter und gießt Kaffee ein. Die Tasse stellt sie aufs Nähtischchen neben die Großmutter. – Magst du ein Stück Kuchen?
– Gerne. Hannes wundert sich, welch erstaunlich große Bissen die kleine Großmutter in den zahnlosen Mund steckt. Nach langwierigem Kauen stellt sie befriedigt fest, daß Frieda, die zwar Rosa heißt, immer genügend Haselnüße in den Kuchen rasple. Das brauche es nämlich, sonst schmecke der nach nichts. Auch der Kaffee sei gut, den könne man brauchen bei diesem Hudelwetter. Durch den Wald könne man kaum mehr gehen, es habe große Pfützen auf dem Weg, seit die mit dem Traktor die Baumstämme geschleift hätten. Das sei früher eine andere Sache gewesen mit den

Rossen. Da habe man noch darauf achten müssen, was möglich sei und was nicht. Sonst hätten es einem die Rosse gezeigt. Der Tierarzt habe übrigens ein Auto, und sei doch für die Pferde da. Aber von dem sei ja nichts anderes zu erwarten, er habe seinerzeit den Blösch zu Tode kuriert. Der Tierarzt komme nächstens mit dem Flugzeug, erklärt ihr Hannes, was ihm von der Mutter einen scharfen Verweis einträgt. Die Großmutter bricht in kullerndes Gelächter aus. Unvermittelt verstummt es, sie greift nach dem Hebammenkoffer, der wie üblich neben ihr steht. Mit sicherem Griff nimmt sie Strickzeug und Brille heraus, die altertümliche Brille mit dem schwarzen Gestell, und gleich wird mit Maschenzählen begonnen. Dann noch die Wollknäuel auslegen, und schon fangen die Nadeln an zu klappern. Jetzt ist aller Schabernack vorbei, bis nach den Abendessen. Dann werden die Äuglein der Großmutter wieder glänzen und ihr kollerndes Gelächter wird die Ermahnungen der Eltern übertönen. Zwei oder drei Tage wird Großmutter bleiben, bevor sie ohne Vorankündigung weiterwandert, in die nächste Tochterfamilie. Wenn die Brüder aus der Schule kommen, sitzt die verrückte Großtante mit den Knochenfingern im Lehnstuhl und strickt. Immer strickt sie, sobald sie den Lehnstuhl zurückerobert hat.

48

Die Cousine hat jetzt schon Härchen. Auch in den Achselhöhlen. Er würde sie wahnsinnig gerne einmal berühren. Aber sie wird zornig, wenn er davon anfängt. Früher, da war sie ganz anders. Da half sie gerne beim Dökterlen. Das war so schön, daß er manchmal fast nicht wußte, wie schön. Und einmal hat sie ihn sogar geküßt. Dann rannte sie allerdings weg.

Jetzt muß er durchs Schlüsselloch schauen, wenn sie im Badezimmer ist. Oder so tun, als würde er schon schlafen, wenn sie sich auszieht.

Er schaut bei sich selber immer wieder nach, ob schon Härchen kommen. Doch er hat noch keine. Beim Luggi sind sie schon gekommen, und beim Pole auch. Aber die sind eben älter. Die andern haben auch noch keine. Stehen tut er allen schon. Wenn sie sich in der Remise einen abreiben, dann spürt er, daß es ihm auch bald kommen wird. Der Luggi sagt, daß er es jetzt mit der Cousine richtig machen wolle. Das sei aber gefährlich wegen dem Kinderkriegen. Vielleicht würde die Cousine ihm einmal einen abreiben. Ihr würde das sicher gefallen.

Dem Hannes gefällt Luggis Pfeife, wie sie aus dem schwarzen Haar heraussteht. Aber noch besser gefällt ihm der Seckel, der tief hinunterhängt mit den Eiern darin, die sich abzeichnen wie Kartoffeln in einem Sack. Er hat ihm die Eier auch schon gegriffen, und dann ist auf einmal die Pfeife aufgestanden. Und der Luggi wollte, daß er ihm einen abreiben soll. Das hat er auch getan. Und nachher die Finger voll Schleim gehabt.

49

Hannes erhält die Füllfeder. Nachdem seine Schreibnoten der Tintenkleckse wegen, die sein Markenzeichen zu werden drohten, bei der ungenügenden Drei angelangt sind, bekommt es Vater mit der Angst zu tun.
Der Vater hat immer Angst, Hannes verpaße den Anschluß. Obwohl er zugeben muß, daß Schreiben ein Nebenfach ist und man wegen der ungenügenden Note in einem Nebenfach nicht sitzenbleibt. Er warnt ständig davor, daß dies um sich greifen könnte. Eine nicht unbegründete Angst, wie Hannes weiß. Die wunderschönen, glatten Sechser schafft er regelmäßig nur in Nebenfächern. Einzig im Deutsch ist er zu Höhenflügen fähig, wenn die bösen Kleckse nicht wären. Ungerechterweise haben sie auch hier eine dämpfende Wirkung auf die Noten.
Füllfedern haben einen regelmäßigen Tintenfluß. Also sollte das Problem zu lösen sein.
Entgegen allen Erwartungen schafft Hannes es trotzdem, wieder drei Kleckse zu machen. Zwei kleine links und rechts einen großen. Wie kam es bloß zu dieser Regelmäßigkeit? Etwas schief zwar die Achse. Im unteren Drittel des Blattes läuft sie schräg hinaus. – Läuft? Warum hat er das nicht gleich gesehen? Ein Maulwurf unter der Erde. In der Höhle wirken seine hellen Schaufelfüße dunkel. Vielleicht war die Erde schwarz und naß und blieb beim graben an den Füßen hängen. Hannes wird die Kleckse vergrößern, wird sie mit Beinen und Zehen ausstatten. Den großen Klecks

wird er zum Hals hin verlängern und ihm auf der andern Seite einen Schwanz anhängen. Für den Kopf braucht er eine Neuigkeit, einen absichtlich hergestellten Fleck. Spitz in die bewegliche Schnauze auslaufend. Ein Meisterwerk!

Was hat der Aufsatz mit dem Maulwurf zu tun? Sicher wird der Deutschlehrer darauf zu sprechen kommen. Und dann muß er eine Antwort haben. Er hätte Lust, den Spieß einmal umzudrehen und zu sagen, was er von Themen wie ‹Ein schöner Ferientag› hält.

Wenn die Kleckse etwas früher passiert wären, hätte er die Rede bestimmt noch auf Maulwürfe bringen können. In den Ferien kann man Maulwürfe fangen oder im Thurgau eine Mauwurfsplage entdecken. Aber so, wie sich der Aufsatz entwickelt, mit den Wasserfällen an der Grimsel und dem Rhonegletscher, kann er hier keinen Maulwurf brauchen. Eine Spitzmaus ginge noch, die gibt es unter Sennhütten.

Die Annahme, daß Lehrer durchwegs Langweiler ohne Phantasie sind, bewahrheitet sich. Der Deutschlehrer kann keinen Zusammenhang sehen. Wie sollte er auch? Der Maulwurf ist nicht als Illustration gedacht. Es ist eine Fortsetzungsgeschichte. Nach den Ferien geht es wieder los. Ab in den Stollen, sagen die Arbeiter. Mit deiner Hände Arbeit sollst du dein Brot verdienen, behauptet der Pfarrer. Wenn er die Predigt auf der Schreibmaschine tippt.

Werde nicht vorwitzig, mahnt der Deutschlehrer und ist sichtlich erstaunt über Hannes Gedankengänge. Daß die Illustration zu einer Fortsetzungsgeschichte gehört, macht ihm Eindruck.

Bitte beachten Sie auch die folgenden Seiten

Glossar

Damit alle Leserinnen und Leser die alten oder die Dialekt-Ausdrücke mitbekommen, hier eine Art Erklärungen in Schriftdeutsch

Seite

4	Wässermatten	ebene Talwiese, die zwecks Grasnutzung mehr oder wenigen kunstvoll und in verschiedenen Abständen überflutet, das heißt bewässert werden
5	metzgerlen	Kinder spielen Metzger
6	Pestwurz	wächst an schattig-feuchten Stellen, auch ‹Wilder Rhabarber›, früher vielseitige Volksmedizin
	Wasserdost	Korbblütler, bis meterhoch, mit braunem Stengel, drei- bis fünfteiligen Blättern, braungelben Blütenkörbchen, wächst auf feuchtem Grasland
10	Einschießschaufel	langstielige, flache Schaufel aus Holz oder Metall
14	Brente	flacher, am Rücken tragbarer Milchbehälter aus Holz oder Metall
	Bschüttloch	Jauchegrube
16	Barren	Futterkrippe für Kühe, mit Haltevorrichtung
17	– Chunnsch mer…	Du kommst mir nicht in die Chutzeburg hinunter! Keiner kommt mir in die Chutzeburg hinunter!
18	schnoppsen	im Wasser schwer nach Luft schnappen
	Räf	resolute, unfreundliche Frau

18	Güggel	Hahn
19	Sälü	Grüßdich
	Geißenblümchen	Buschwindröschen
20	Bord	Böschung
21	anrüsten	Reinigung und Vorbereitung des Kuheuters zum Melken
24	Schnäbi	Penis
	döckterlen	Kinder spielen Arzt
27	Schnuderhunde	Schimpfwort; Schnuder heißt Rotz
33	Der Stock	freistehendes, kleines Wohn-Beihaus zum Bauernhof
36	Mädesüß	Sumpfpflanze
	Habermarch	Wiesenbocksbart
37	Hutte	Rücken-Tragkorb
38	Mistladen	Brett, auf dem der volle Mistkarren auf den Miststock gefahren wird
39	Getreidebühne	Heuboden, Getreideboden
41	Dolinen im Jura	trichterförmige Vertiefung der Erdoberfläche
45	Bachtobel	enges, steiles Tal
47	Grasmutte	Grassoden
49	Döbel	Weißfisch – karpfenartig, breitköpfig, grätenreich
51	Feumer	Auffangnetz mit Stiel für das Fischen mit Rute
58	Gsüchti	Rheumatismus
	Reiswellen	Holzbündel aus Ästen, Sträuchern, Reisig
	Zvieri	Zwischenverpflegung nachmittags
	Bäziwasser	Apfelschnaps
61	Weidenhopf	mittelgrosser, hellbrauner, an Flügeln und Schwanz schwarzweiß gebänderter Vogel mit langem, dünnem Schnabel und großer Haube
64	Butik	Atelier, Werkstatt
65	Puli (la poulie)	Riemenscheibe
68	Sprenzel	dünner, meist zappeliger Mensch
69	hornußen	ländlich-bäuerliches Spiel mit zwei

		Mannschaften; je ein Mann der einen Partei versucht, einen Hartgummiball möglichst weit zu schlagen, die andere Mannschaft versucht, mit großen Wurfbrettern die Flugbahn des Gummistücks möglichst kurz zu halten
71	Brüdergemeinde	freie reformierte Religionsgemeinschaft
73	Anbauschlacht	von Bundesrat Wahlen im 2. Weltkrieg «erfundene» Selbstversorgung mit Kartoffeln, Getreide, Gemüse und anderen Lebensmitteln
74	tätschen	knallen
76	Züpfe	nicht süßer Butterzopf
77	Nidletäfeli	klebrige Bonbons aus Rahm und Zucker
81	Anfuhribock	Holzgestell mit Seilrad, wird oben am steilen Gelände im Boden verankert, dient zum Erde hochführen
82	Bänne	Transportkarren
	Schorrgraben	darin wird der flüssige Mist direkt vom Kuhstall in die Jauchegrube geschoben
88	Brattig	Heimatkalender als Periodika
	Vogelraupfi-Insel	Name einer Aareinsel
89	Schopf	Scheune
92	Muni	Stier
96	Hofstatt	Baumgarten
99	Reduit	Festung, Rückzug (in die Alpen); Begriff für die Verteidigungsstrategie der Schweiz im 2. Weltkrieg
	Brotkehr	Route fürs Brotverteilen
101	Ölpinte	Ölkännchen mit Pumpvorrichtung
112	Scheitstock	dickes Baumstammstück, auf dem Holz zerkleinert wird

Neue Erzählungen vom Land und von den Sehnsüchten

Georges Haldas, *Das Haus in Calabrien*
Eine Chronik

Ein klassisches Ferienerlebnis: Noch im kühlen Norden bucht man ein tolles Haus im warmen Süden, mit allen Schikanen, direkt am Meer. Dann kommt man an, und das Haus ist nur eine Hütte, das Meer nirgendwo. Georges Haldas, Philosoph und Schriftsteller aus Genf, macht daraus mit Meisterschaft eine Art Novelle. Seine Sprache, sehr schön ins Deutsche übertragen, bleibt stets elegant, leichtfüßig, von französischem Esprit getragen. Aus der Geschichte wird allmählich die eindringliche Fallstudie eines Wahrnehmungskonfliktes zwischen nördlicher Nüchternheit und kalabrischem Ehrgefühl. Ein intelektueller und lustiger Lesestoff. *Facts, Zürich*

Al Imfeld
Wenn Fledermäuse aufschrecken, liegt etwas in der Luft, das kein Mensch zu ändern vermag
Erzählungen aus Afrika und dem Luzerner Hinterland

Der bekannte Afrikakenner, der im Napfgebiet großgeworden ist, greift hier in das Füllhorn seiner Kindheits- und Reiseerinnerungen und zaubert Geschichten hervor. Von Todesengeln hier, die oben am Napf losreiten und plötzlich durch die Stube fliegen. Von aufgeschreckten Fledermäusen dort, in Uganda, die den Tod künden, wie der springende Krug früher in der heimischen Stube. Von Geistern hier, die nicht zur Ruhe kommen, vom Aufstand der Ahnen dort, die sich von europäischen Särgen nicht zum Verstummen bringen lassen. Was hier ist, ist irgendwie auch dort, so begreift man und staunt. Auf der mystischen Landkarte muß Afrika wohl gleich neben dem Napf liegen. Oder der Napf neben Afrika. *Beobachter, Zürich*

Waldgut